オンラインで伝える力

KEE'S 代表取締役
野村絵理奈

ポプラ社

はじめに

新型コロナウィルスの世界的な感染拡大によって、私たちの日常生活は大きくその形を変えることになりました。

日本では初となる緊急事態宣言も発出され、感染予防の観点から他人との距離を確保する「ソーシャル・ディスタンス」という言葉はあっという間に一般化しました。他の人と一定の距離を保つことは、このまま一般的なマナーとして定着しそうなムードもあります。

その流れは当然ながら働き方のスタイルにも変化をもたらし、これまで一部の進んだ企業だけのものだったテレワークの導入を、多くの企業が急ピッチで進めることになりました。テレワークの本来の意味は、「情報通信技術（ＩＣＴ＝Information and Communication Technology）を活用した、場所や時間にとらわれない柔軟な働き方のこと」（一般社団法人 日本テレワーク協会）ですが、いわゆるコロナ禍という非常事態の中、多くの人が、自宅で職場と同様に働くという形のテレワークを始めることになったのです。

それを支えたのが、オンライン会議、オンラインプレゼン、オンライン面談、オンライン面接といったオンライン上のコミュニケーションです。もちろんこれらは企業活動に限定されるものではなく、学校が休校になった子どもや学生は学校に行く代わりにオンライン授業を受けることができましたし、プライベートな時間をオンライン飲み会で過ごす人も増えました。世界保健機関（WHO）が「感染を防止するのはあくまで物理的な距離であり、人はテクノロジーを経由して社会的なつながりを保つことができる」という概念から、確保すべきなのは「ソーシャル・ディスタンス（社会的距離）」ではなく、「フィジカル・ディスタンス（物理的距離）」であると表現を言い換えたことが象徴するように、オンラインを使えば、物理的な距離があったとしても、人との交流を維持することができることを、改めて（場合によっては初めて）実感した、という人も多いのではないでしょうか。

ただ一方で、そのようなオンラインコミュニケーションがあまりにも急速に広まったことで、大きな戸惑いを抱えている人が少なくないのも事実です。また、いずれくると思われていた、テクノロジーが対面コミュニケーションにとって代わる時代、言い換えれば対面が許されない状況下でもビジネスを遂行するためのスキルが欠かせない時代がコロナの感染拡大を契機に前倒しでやってきたことを確信し、そのためのノウハウを強く求める人も増えています。

２００５年に私が設立した株式会社KEE'Sでは、これまでのべ6万人の方々に、スピーチやプレゼンテーション、そしてコミュニケーションの指導を行ってきました。

話し方やコミュニケーションに苦手意識を持ち、講義を受けて下さる方々に、最初に必ずお伝えするのは、「スピーチやプレゼンテーション、そしてコミュニケーションの能力は誰しもテクニックとして習得できる」ということです。

一見、生まれつき備わっていると思われがちなコミュニケーション力も、実は丁寧にひも解いていけば、スポーツや他の専門的なスキルと同様に、一つ一つのテクニックが組み合わさってできているものです。であれば、生まれ育った環境や性格ですべてが決定されてしまうわけではなく、トレーニングによって誰でも習得できる技術であると言うことができます。

もちろん、オンラインコミュニケーションにも同じことが言えます。

対面とは異なる、オンラインというツールの特性は確かにありますが、それを踏まえたテクニックを習得すれば、たとえ画面を通してでも、誰でも自分の言いたいことをスムーズに伝えられるようになりますし、同時に相手の意図を上手く汲み取れるようにもなります。多くの人が戸惑いがちなオンラインコミュニケーションも、テクニックを習得すれば今よりずっと円滑にすることができるのです。

この本ではオンラインコミュニケーションに必要なスキル、つまり〈オンライン力〉を身につけるためのノウハウやテクニックを余すことなくみなさんにお伝えしたいと思っています。

変わりゆくビジネスの流れに乗り遅れないように、次世代のコミュニケーショントレーニングを始めていきましょう。

オンラインで伝える力　目次

はじめに　1

第1章 オンライン社会でのコミュニケーション

コミュニケーションのオンライン化に戸惑う私たち　18

オンラインでは、〝気持ち〟が伝わりにくい？　22

いかに〝気持ち〟を通わせるかがオンラインの課題 26
オンラインの特性を知ることから始めよう 31
物理的距離が心理的距離を生むオンラインコミュニケーション 34
オンラインでは相手を知るための情報がことごとく制限される 36
オンラインでの集中力維持は想像以上に難しい 39
オンラインコミュニケーションに必要なスキルとは 42

第2章

オンラインコミュニケーションに必要な〈印象力〉

オンラインでは「長所は普通に」「短所はより悪く」映る 49
オンラインコミュニケーションには独特のマナーがある 52
1 身なりを整える 54
2 背景やカメラの高さに気を配る 57
3 資料の準備は万全に 60
4 見えない箇所にも気を配る 61
微笑みレベルでは無表情に近くなるオンラインの落とし穴 64
オンラインで説得力を出す目線の配り方とは 68
オンラインではテンション3倍を心がける 72
「テンションUPでも声は落とす」がオンラインのルール 76

聞き取りやすい発音を手に入れるためのトレーニング 78
実践！オンライントレーニング 79

第3章

オンラインコミュニケーションに必要な〈伝達力〉

喉をいためず、聞き手にも心地良く声を届ける腹式発声 83
オンライン映えする声を手に入れるためのトレーニング 86
聞き間違いされない、明瞭な発音の方法とは？ 87
声をのせる発声練習 89

脱落音があると、対面でもだらしない印象に 90
聞き手を飽きさせない表現テクニックを身につけよう 92
間を取ることで大事な言葉を印象づけ、聞き手の理解も助ける 97
実践！ オンライントレーニング 101
要点をまとめて話すには、ロジカルスピーチがおすすめ 102
実践！ オンライントレーニング 107
誤解を防ぐ話し方はオンラインの鉄則 108
オンラインで正確に指示を与える、情報を伝える 111
実践！ オンライントレーニング 116

プレゼンでは視覚的要素と聴覚的要素の相乗効果を狙う　118
コメントは「映像を活かすもの」に限定する　123

第4章
オンラインコミュニケーションに必要な〈対応力〉

オンライン会議ではファシリテーションスキルが求められる　131
会議の流れを共有する地図〈OARR（オール）〉　134
参加者の意見をまとめるファシリテーションのポイント　140
ロジカルなヒアリングで誤解や認識のズレを防ぐ　143
実践！オンライントレーニング　147

第5章

オンラインコミュニケーションの実践

現在・過去を踏まえれば課題解決の道筋が見える　148
ロジックツリーのフレームで課題解決を図る　152
オンライン会議の締めくくりは〈ロジカルなまとめ〉で合意　157

オンライン営業編

● オンラインで初対面の顧客に好印象を与えるには？　163
● オンラインで的確に課題をヒアリングするには？　164
● オンラインで初対面のお客様と信頼関係を築くには？　166
● 買う気が高まっていない顧客を買う気にさせるには？　168
● スムーズにオンラインでオンライン商談のアポを取るには？　171
● オンライン商談を経て、次は直接会いたいと思わせるには？　172

オンライン営業のお悩み　173

部下とのオンラインコミュニケーション編

● 部下の不満をためないようにするには？　178
● オンライン面談で部下の評価を正しく行うには？　179
● 部下とのオンラインコミュニケーションをスムーズにするには？　180
● 部下のモチベーションを維持するためには？　181

部下とのオンラインコミュニケーションの悩み　182

オンライン面接編（就活）

● 動画で自己PRを作成する時の注意点は？　185
● 就職活動でオンライン面接を受けるときの準備は？　187
● オンライン面接の冒頭10秒で好印象を与えるには？　189
● オンライン面接の質疑応答をスムーズに行うには？　191
● オンライン面接で無駄なく、言いたいことを伝えるには？　193

●緊張を上手にコントロールするには？ 196
オンライン面接のお悩み 198

オンラインミーティング編

●オンライン会議を活性化するためには？ 202
●出席者全員の参加意識を高める工夫とは？ 203
●オンラインミーティングを、社員同士のコミュニケーションの場としても活用するには？ 207
オンライン会議のお悩み 209

第6章

オンラインコミュニケーションが目指すべきゴール

オンラインコミュニケーションの本質とは？　212

今こそ必要なハイテク・ハイタッチとは？　216

特別対談

佐賀文宣氏×野村絵理奈　222

おわりに　252

第1章

オンライン社会でのコミュニケーション

コミュニケーションのオンライン化に戸惑う私たち

２０２０年４月７日に関東・近畿・九州圏の７都府県を対象に、新型コロナウィルス感染症拡大防止対策として行われた緊急事態宣言後、テレワークを実施する人が急激に増えました（19ページのグラフ参照）。

テレワークの導入と共に、ニーズが高まったのが、ZoomやWebex、Teams、ハングアウトなどのｗｅｂ会議システムです。そのユーザーは一般企業だけにとどまらず、学校や塾、各種教室といった教育関係、国家機関、自治体などをはじめ、一見、オンライン化が不可能と考えられていた業種にまで広がっていきました。

ただし、今回のオンラインコミュニケーションの一般化は、想定外の事態が契機となって進んだものです。それに頼る以外方法はなく、「もうこうなったらやるしかない」という状況に多くの人や企業が追い込まれたことが、この急拡大をあと押しした

2020年3月と4月のテレワーク実施率

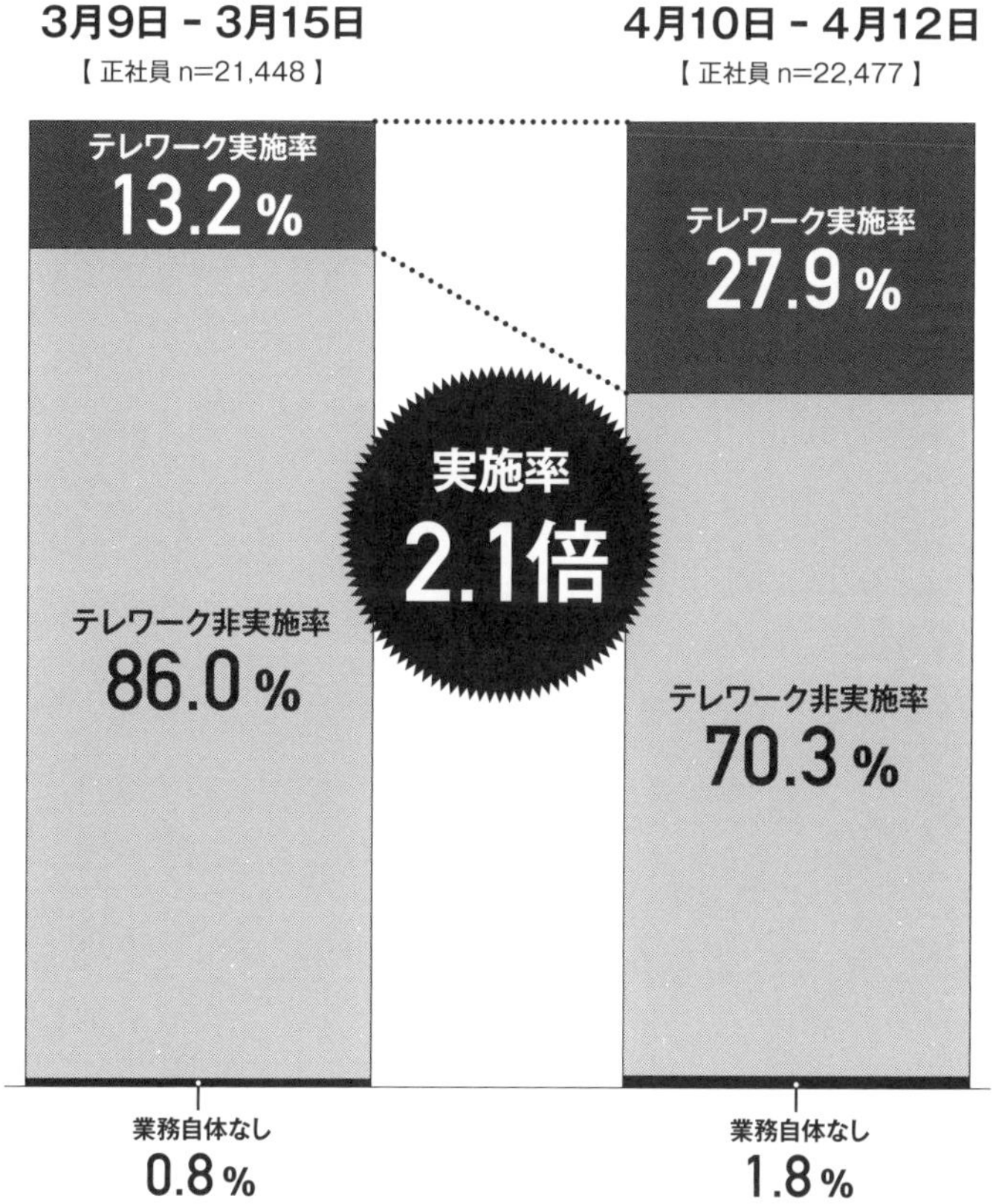

株式会社パーソル総合研究所による調査モニターを用いたインターネット定量調査をもとに作成

ことは間違いありません。もちろん、働き方改革に向けその推進が目指されていたオンライン化が、期せずして一気に進んだというプラスの側面はありましたが、オンラインの知識やスキルが不足している人々にまで十分な準備がなされないまま普及していったのは事実です。

つまり、「対面でのコミュニケーションとは何が違うのか」「どういう特徴があるのか」もよくわからないまま、多くの人がオンラインコミュニケーションの世界に飛び込むことになったのです。

「果たして自分がこのシステムを使いこなせるのか」という不安を抱えたり、マニュアルを読みながら、あるいは誰かの助けを借りながら、一生懸命システムをダウンロードしたという人も多かったことでしょう。そのせいでコミュニケーションの内容や質に心を配るより先に、目の前のツールを〝どう使うか〟ということばかりに、意識が向いていたのではないでしょうか。

しかし、実際に使ってみれば、ツールの使い方自体は簡単であることにすぐに気づいたはずです。すぐれたオンラインツールほど、すべての人に優しい設計になっているため、最初こそ、戸惑いや失敗があったとしても、使っていくうちに誰もがそれなりに使えるようになるものです。テクノロジーの進化や素晴らしさに感心したという方もいるでしょう。

最も事態が逼迫《ひっぱく》していた東京でも緊急事態宣言が解かれた5月25日までの約2ヶ月間テレワークを実施していた場合、朝礼や夕礼、商談や営業、会議などを含め、少ない人でも数十回、多い人なら百回以上、オンラインコミュニケーションの機会があっただろうと想像できます。それだけの経験を積めば、当初抱いていた、システム自体への不慣れによる不安は自然に解消され、「オンラインを使えば、人に会ったり会社に出勤したりしなくても大きな問題はない。だったらいっそのこと、このまま一生リモートでいいのではないか？」。そんな思いさえ芽生え始めたことでしょう。最初に感じていたツールへの違和感はやがて、テクノロジーへの信奉へと変わり始めるのです。

オンラインでは、〝気持ち〟が伝わりにくい？

オンラインというツールに慣れ始めた今、多くの人が抱えているのがオンラインでのコミュニケーションに対する不安や悩みです。

23ページのグラフは、「テレワークを行っている人が、具体的にどのような不安や悩みをもっているのか」の調査結果を示したものです。

これによると、仕事上のオンラインコミュニケーションに関して最も多い悩みは、**「非対面のやりとりは、相手の気持ちがわかりにくく不安」**というものでした。

また、「上司や同僚から仕事をさぼっていると思われていないか不安」「出社する同僚の業務負担が増えていないか不安」「相談しにくいと思われていないか不安」「仕事を頼みにくいと思われていないか不安」「出社する同僚から仕事がやりにくいと思われていないか不安」といったものも、「相手の気持ちがわかりにくい」ことと「自分

テレワークの不安

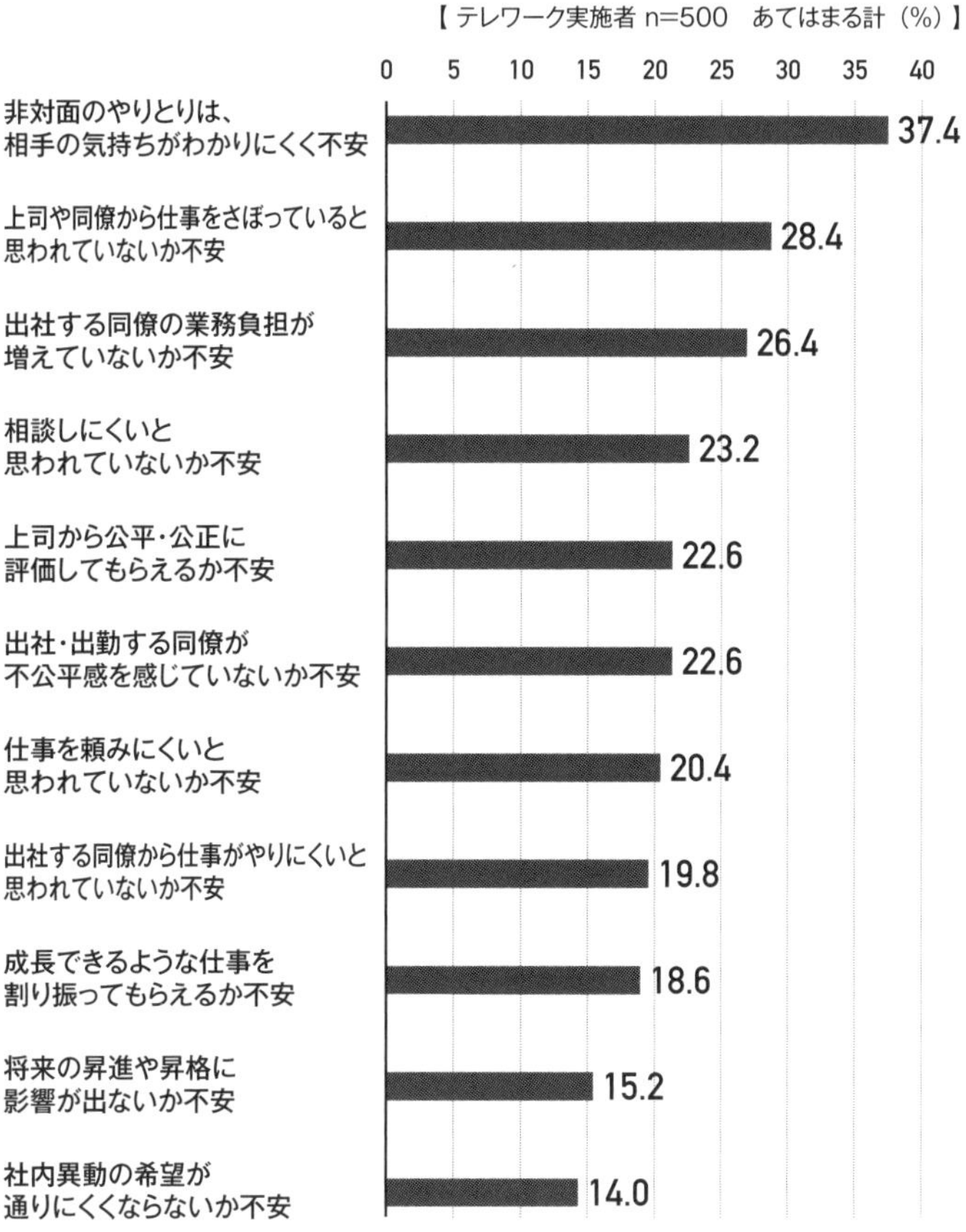

株式会社パーソル総合研究所による調査モニターを用いたインターネット定量調査をもとに作成

の気持ちを伝えにくい」ことに起因するものであると考えられます。

　つまり、テレワークを支えるオンラインコミュニケーションでは、「相手がどんな気持ちでその言葉を発しているのか」「自分の発言を相手がどういう気持ちで受け取っているのか」がわかりにくいため、多くの人が、「相手が本当はどう思っているのか」「自分は本当はどう思われているのか」に頭を悩ませているのです。

　また、25ページのグラフは、「テレワークの課題」の調査結果です。ここでも「業務上の指示ややりとりに支障がある」「他のメンバーに仕事を頼みにくい」「チームに一体感が感じられない」など、コミュニケーションに関わる課題を多くの人が挙げています。

「指示ややりとりに支障がある」というのは、伝えられる情報に限りがあるオンライン上でのやり取りで、相手の指示と自分の理解の間にギャップが生じていないかと不安を感じたり、逆に自分の指示がうまく相手に伝えられないと感じている人が多いということでしょう。さらに、オンラインに表示されるステータスだけでは、その相手が仕事を頼める状況なのかどうかがわからず、その結果、「他のメンバーに仕事を頼

テレワークの課題

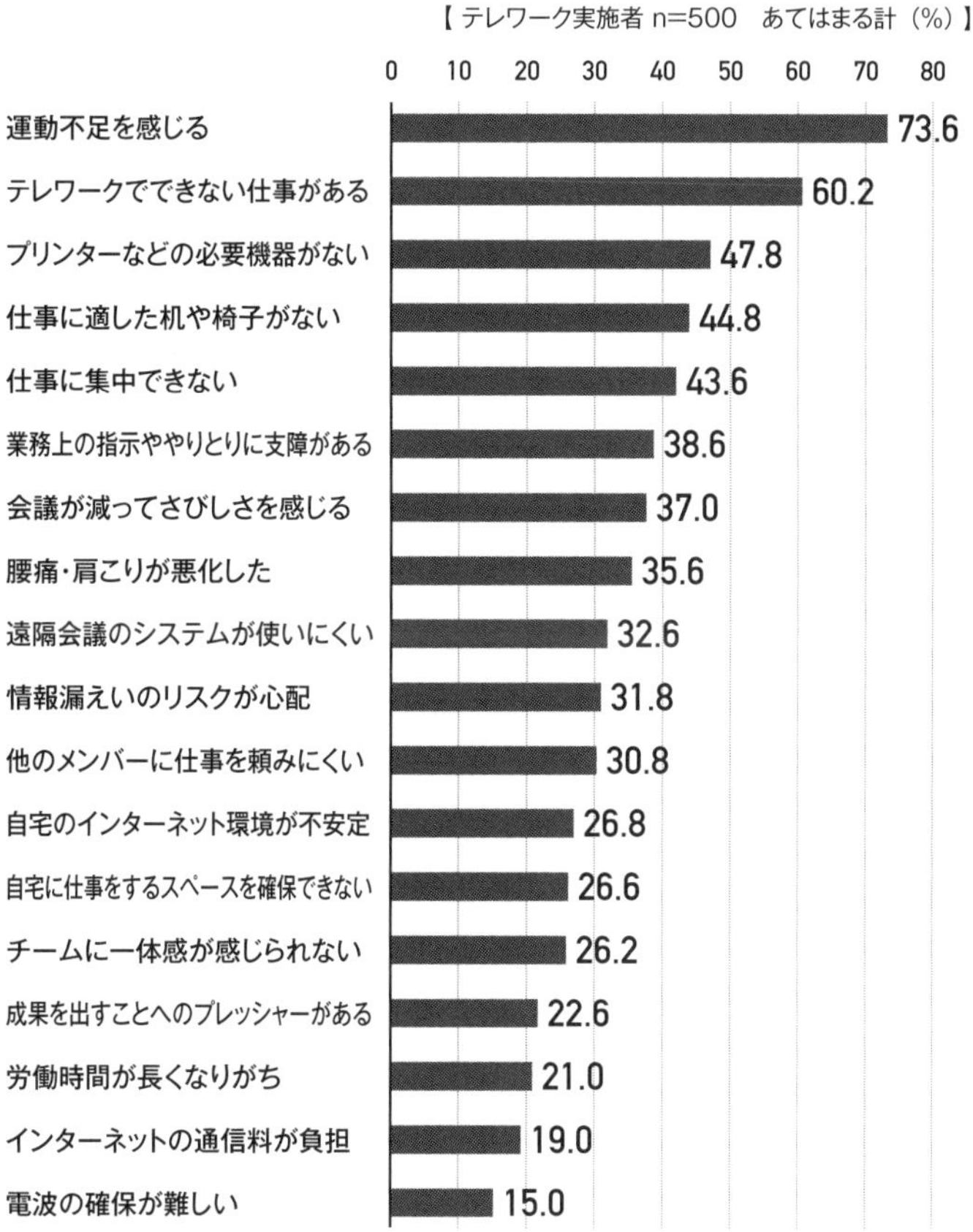

株式会社パーソル総合研究所による調査モニターを用いたインターネット定量調査をもとに作成

みにくい」という事態に陥ることも想像できます。

また、「チームに一体感がない」というのは、物理的に顔を合わせる時間が少ないぶん、相手の感情にふれることが難しくなったからだと考えられます。これらの課題からは、コミュニケーションの量と質の低下により「相手の気持ちが受け取りにくなった」と多くの人が感じていることがわかります。

いかに〝気持ち〟を通わせるかが オンラインの課題

テレワークにおける悩みとシステムがもつ課題は、リンクしているように見えます。

もしも、画面の向こうの相手の意図を正確に受け取ることができたり、相手の表情から気持ちをきちんと読み取ることができれば、オンラインであっても対面と同じようなやり取りが可能です。また、相手の状況をきちんと把握し、気持ちの共有ができれば、たとえ会う時間が短くてもチームの一体感を維持することもできるはずです。

28ページのグラフを見ると、テレワークの実施前後の変化について、「上司とのやりとりが減った」「同僚とのやりとりが減った」と回答した人は約半数にも上り、4割弱の人は「組織の一体感が低くなった」と答えています。

業務遂行に必要な情報はやり取りできていても、その他のやり取りが減ったことによって、「組織の一体感が低くなった」と感じる理由は、一見必要に見えるやり取り以外にも、組織の一体感を向上させるやり取りが実は重要であることを暗に示しています。

オンラインでは、対面している時は意識しなくてもキャッチしていた、コミュニケーションを成立させている補助的な情報、つまり**表情やしぐさ、服装などのちょっとした変化や、声のトーンや抑揚といった話し方の変化、言葉では表現できない雰囲気、といった細かな情報が圧倒的に少なくなります**。「気持ちが伝わりにくい、相手の気持ちがわかりにくい」と感じてしまうのはそのためでもあります。

テレワーク実施前後の変化

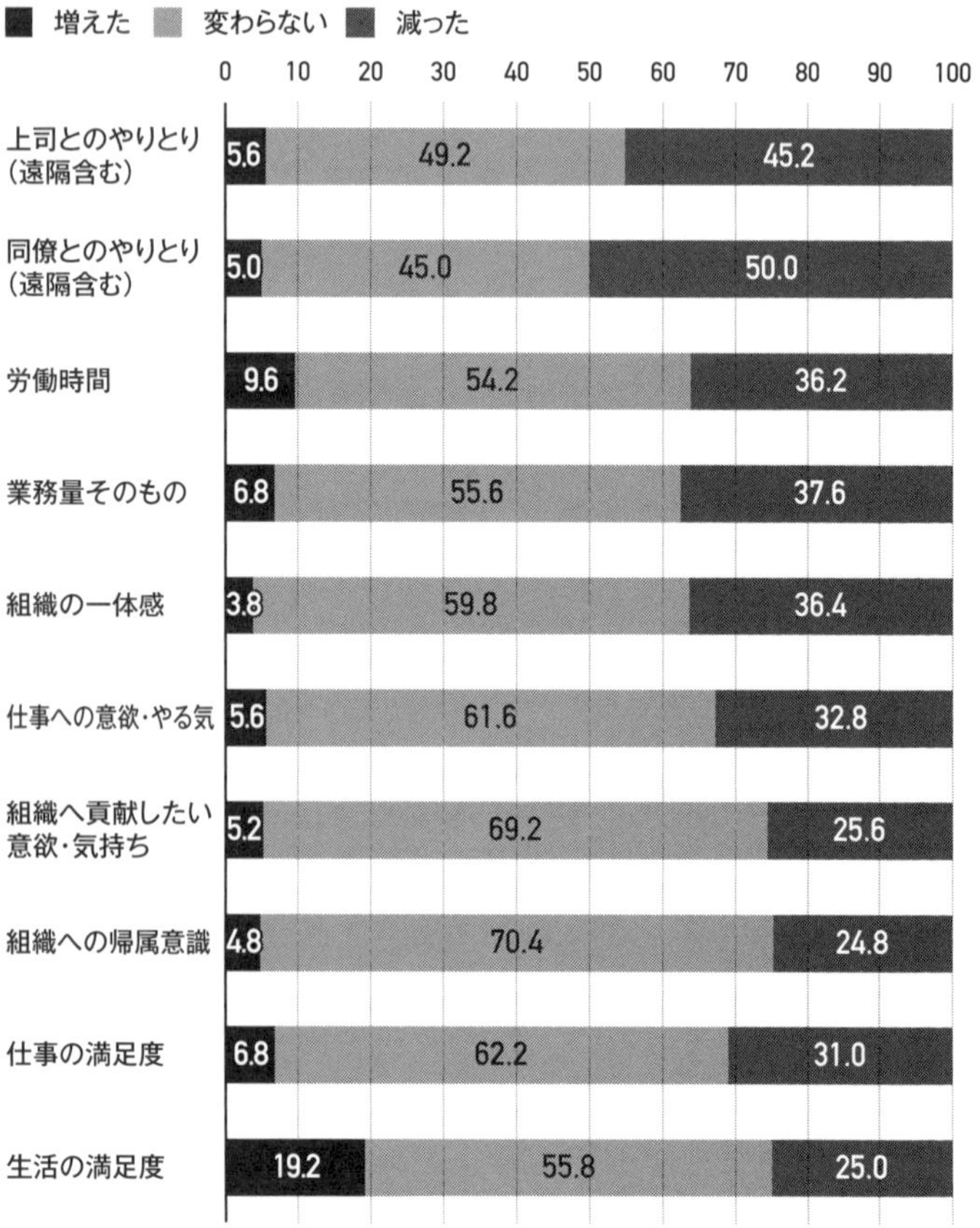

株式会社パーソル総合研究所による調査モニターを用いたインターネット定量調査をもとに作成

特にコミュニケーションの面で課題の多いテレワークですが、30ページのグラフが示すとおり、「今後もテレワークを続けたい」という人は半数を超えており、20代と30代では6割を超えているのがわかります。つまり、企業にとっても個人にとっても、オンラインコミュニケーションの課題解決は、テレワークの長期化というよりは、もはや一般化に向けての喫緊《きっきん》のミッションだと言えるのです。

お話ししてきたようにその課題の大部分は、「相手の気持ちがわかりづらい」「自分の気持ちを伝えにくい」という悩みに起因しています。そう考えると、オンライン社会において必要なのは、オンラインというツールを介しても十分に気持ちを通わせられる、高いコミュニケーションスキル、そして相手の状況から気持ちを想像するスキルだと言うことができるでしょう。

オンラインではコミュニケーションに活かせる情報が限られてくるぶん、試されるのは、想像力です。相手は今どんな状況で仕事をしているのか？　何を考え、何を思っているのか？　**足りない情報を補う〝想像力〟を働かせられるかどうかが、オンラ**

新型コロナ収束後のテレワーク継続意向

コロナウィルスが収束した後も、
テレワークを続けたいですか。続けたくないですか。（単一回答）

【 テレワーク実施者 n=500 】

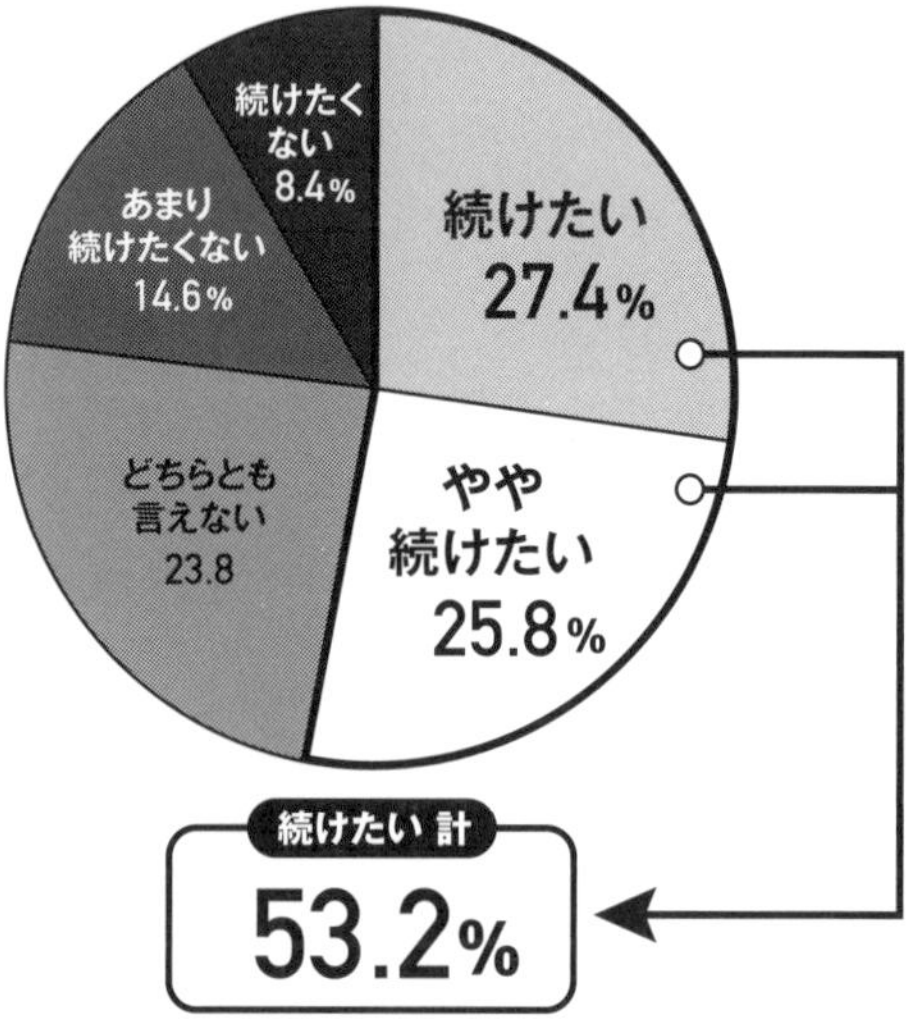

年代別の希望率

20代 40.7％　**30代** 63.3％

40代 50.3％　**50代** 41.9％

インコミュニケーションの質を決定づけることになります。

オンラインの特性を知ることから始めよう

オンラインというツールを介しても十分に気持ちを通わせるためには、対面のコミュニケーションスキルに追加して、オンラインの特性を知り、使いこなすための特別なスキルが必要になります。対面コミュニケーションは人より上手いという自信があるのに、オンラインコミュニケーションは苦手という人が多いのは、その特別なスキルが足りないせいです。

もちろん、コミュニケーションの本質に変わりはありません。しかし、オンラインコミュニケーションにはその特性を活かしたテクニックが必要なのです。

オンライン上のやりとりにおいて、「相手の気持ちがわかりづらい」という悩みがこれほど噴出するのは、「対面でのコミュニケーションとは何が違うのか」「どういう特徴があるのか」もわからないまま、多くの人が見切り発車的にオンラインコミュニケーションを始めてしまったからです。

対面コミュニケーションとはいったい何が違うのか?

まずはその違いをきちんと理解することがオンラインコミュニケーション特有のスキルを身につけるうえでの、大事な第一歩です。

私はかつて、アナウンサーとして、画面を通して伝えることを仕事にしていました。

画面の中の世界で仕事をするアナウンサーは、画面の向こうにいる視聴者に対し、聞き取りやすくわかりやすく話すだけでなく、誰にでも受け入れてもらえるように印象良くふるまうことが求められます。

対面で会って印象の良い人、聞き取りやすく話せる人はアナウンサーでなくてもたくさんいますが、そういう人たちとアナウンサーとの大きな違いは、画面を通してもなお、対面と遜色ないくらいにわかりやすく、印象良く伝えるスキルをもっていることです。

最近、よく「テレビで芸能人などが自宅からオンラインで話すのと、医療の専門家などの人が話す場合とでは、話し方の印象が違いますよね」という声を聞きます。

確かに、普段からテレビに出ている芸能人や評論家と、医療の専門家など、コロナの流行で突然出演の機会を得た人を比較すると、オンライン上での話の聞き取りやすさや印象に違いがあります。

それは、画面を通して伝えるコツをトレーニングや経験から知っているか、そうでないかの差です。アナウンサーは、画面を通し、効果的に伝えるコツを熟知しています。

アナウンサーとしてのトレーニングというと、いわゆる発声練習的なものが思い浮かぶかもしれませんが、それはほんの一部に過ぎません。何より先に叩き込まれるのは、画面越しのコミュニケーションの特徴を理解した上でわかりやすく伝えるためには、どうすれば良いのか？　という技術なのです。

物理的距離が心理的距離を生む オンラインコミュニケーション

画面を通すと、対面と比べてコミュニケーションが難しくなってしまうのには、次の3つの原因があります。

1、心理的な距離が生まれやすい
2、情報伝達量が制限される
3、集中力を維持させるのが難しい

この特徴は、オンラインコミュニケーションにも当てはまります。

まず、1の「心理的な距離が生まれやすい」というのは、画面を通すと、物理的距離が生まれることが原因です。

対面の場合は、すぐ手を伸ばせば届く距離に相手がいるのが普通です。その気になれば抱きしめることもできますし、極端な話、殴ろうと思えばできてしまう距離です。反対にオンラインの場合は、地球の裏側にいる人と話すことも可能ですが、実際にふれることは不可能な物理的距離があります。

これは対面でのコミュニケーションとオンラインコミュニケーションの決定的な違いだと言えます。

そして、そのような物理的な距離のせいで生まれるのが、心理的な距離です。

これは、「男女間の物理的な距離が近いほど心理的な距離は狭まる」という法則で、〈ボッサードの法則〉というのをご存じでしょうか。

アメリカの心理学者であるボッサードが5000組の婚約中のカップルに行った調査によって発見したものです。長距離恋愛は長続きしにくかったり、好きな人にもっと近づきたいという心理が働いたりするのは、すべてこの法則のせいだというわけです。

この法則は主に恋愛を語る際に使われますが、他にも似たようなセオリーで、営業職の方などにおなじみの〈単純接触効果〉があります。これは、物理的距離と心理的距離は比例するという文字通りシンプルな法則で、恋人だけでなく、すべての人間関係に当てはめることができるでしょう。この法則に従えば、**物理的距離があるオンラインコミュニケーションは、心理的な距離も離れやすくなる可能性が高まります。**

また、個人的には画面のサイズというのも無関係ではないと感じています。

つまり、スマホやノート型ＰＣの向こうの相手は、実際のサイズよりずっと小さく見えますから、そのせいで相手の存在感を実物より小さくとらえてしまい心理的な距離が生まれている気がするのです。

オンラインでは相手を知るための情報がことごとく制限される

２の「情報伝達量が制限される」というのも多くの方の実感だと思います。

なかでも、表情、テンション（熱量）、雰囲気といった、相手の気持ちを想像するための重要な情報となる、いわゆる〈ノンバーバル（非言語）メッセージ〉は、オンラインでは対面よりも伝わりにくくなります。

例えば対面なら、相手がほんの少し顔をしかめたり、口元が少しだけ緩んだりする様子を見ることで、こちらの言葉に少し不快感を抱いたのではないかとか、もしかすると興味をもってくれたのかな、などと相手の気持ちを読み取ることができます。

けれどもオンラインは、ちょっとした眉やしわの動き、まぶたや眼球の動きなどの細かい動きまでは伝えてはくれません。そのせいで、それに付随する表情や雰囲気が伝わってこないのです。

また、すでにお話ししたように、対面でコミュニケーションを図る際、私たちは相手の表情やしぐさ、雰囲気などの細かな情報を無意識にキャッチしています。さらに言えば、その人の持ち物や服装から、部屋に飾ってある絵、そして窓の外に広がる景色に至るまでのささいな情報でさえ、相手を知るための貴重な情報となり得ます。特に意識することはなくても、目に入るものすべてがコミュニケーションを円滑にする情報となっているのです。

オンラインでは、それらの情報が制限されるため、小さな表情の動きなどもキャッチしにくいというデメリットがあります。そして、そのことが「相手の気持ちがわかりにくい」という状況につながっていくのです。

後で詳しくお話ししますが、オンラインでは伝達される音の質も変わります。そのせいで普通に話しているつもりでも相手はそれをうまく聞き取れないということも往々にして起こります。

もちろん今後テクノロジーがさらに進歩すれば、遠隔でも対面と遜色ないレベルで細かい動きまで伝えたり、3Dで相手が目の前にいるかのように投影できる日がやってくるかもしれません。ただ、現時点においては、オンラインの情報伝達は対面同様にはいかないと考えて良いでしょう。

オンラインでの集中力維持は想像以上に難しい

情報だけでなく、時間的な制限がかかりやすいのも、オンラインの特徴です。対面の会議なら通常1時間、長引く場合だと2時間くらい確保するのが普通でも、オンラインだとその半分くらいに設定されるというパターンは多いのではないでしょうか。オンライン会議の場合、あらかじめ設定時間が決まっていることがほとんどなので、対面のように「すっかり長居してしまいました……」的なことはあまり起こりません。

また、在宅ワークで基本的にPCの前にいることが多いことから、社員同士がつながることが出勤時よりも容易になります。そのため、15分ずつを朝昼夕礼に分けて3回行う、商談のフェーズを細かく分けて短時間の打ち合わせを数回にわたって行う、空いた時間で今日の報告を行うなど、一度のミーティング時間を短くして回数を増やす傾向にあります。そのため、短い時間で要件をポイントを押さえて伝えるコミュニケーションが主流になっています。

それでも必要なことを過不足なく伝えられるのなら問題はないのですが、うまく話をまとめられなかったり、対面のコミュニケーションと同じようにスモールトークを長々と繰り広げたりしていると、やり取りできる物理的な情報量そのものがどんどん目減りしてしまいます。

だったら時間を延ばせばいいのではないかと思うかもしれませんが、オンラインコミュニケーションにはそれを難しくさせる特徴もあります。

それが3の「集中力を維持させるのが難しい」という特徴です。

心理的距離があることもその一因だと考えられますが、**オンラインでのコミュニケーションは対面に比べて長時間集中力を維持させるのが非常に難しいのです。**

KEE'Sでも、緊急事態宣言を受けて、子ども向けの話し方レッスンをオンラインで行うことにしたのですが、対面なら1時間くらいのレッスンに飽きずに取り組める子どもたちの集中力が、オンラインだとその半分ももたないことに気づきました。30分も経つと、それぞれが画面の向こうで違うことをやり始めてしまうのです。

これは、何も子どもに限ったことではありません。大人の場合も、物理的な距離が心理的距離となったり、テレワークの場合は自宅という文字通り〈ホーム〉の環境にいることが多いため、どうしても気が緩んでしまいがちです。

アナウンサーも、画面の向こう側にいる視聴者に集中して聴いてもらうことを要求はできません。私もアナウンサー時代、「視聴者は、ソファに寝転んでビールを飲みながらテレビを見ていると思いなさい」と教えられました。それはつまり、なんとなく聞いている相手の耳に大事な要点が残るよう、どう伝えるかを意識して話さなければならないということです。

もちろんオンライン会議などの場合は、相手がソファに寝転がっているなどということは基本的にはないと思いますが、いずれにしろ、画面の前で集中力を保つのが思いのほか難しいのは間違いありません。

さらにオンラインの場合、音声のギャップなどもあるため、話を挟んだり、あいづちを打つタイミングが難しく、対面のようにテンポよくやり取りできないという面もあります。

その結果、誰かが一方的に情報を発信する時間が長くなり、それも聞き手の集中力を削いでしまう原因になると言えるでしょう。

オンラインコミュニケーションに必要なスキルとは

以上のような特徴を踏まえれば、オンラインコミュニケーションにおいて何が必要なのかが見えてきます。

1、心理的な距離が生まれやすい

↓心理的距離を縮める工夫が必要

2、情報伝達量が制限される

↓情報の質の向上が必要

3、集中力を維持させるのが難しい
↓確実に理解させる伝え方の技術が必要

こうして整理すると、オンラインコミュニケーションにはオンラインの特性を理解した、プラスアルファのテクニックが必要なことがよくわかります。

そのキーワードとなるのは、次の3つです。

1〈印象力〉
2〈伝達力〉
3〈対応力〉

〈印象力〉とは、文字通り、画面の向こうの相手に良い印象を与えるスキルです。対面とは違うことで、つい身構えてしまったり、緊張する相手をリラックスさせたり、強調したいポイントを押さえて必要なことを伝えるスキルもここに含まれます。また、オンラインでコミュニケーションを取る際、相手に失礼な印象を与えない基本的なマナーや、オンライン上での商談や面接などで、自分のテンション（熱量）を相手との温度差なく伝えるスキルも必要になります。

〈伝達力〉は伝えられる情報量に限りがあるオンライン上でも、伝えたいことを正確に伝えるスキルです。

聴覚的にはっきり伝達するスキルや、端的に要点を伝えるロジカルな伝え方、オンラインでも明確に伝える話し方のスキル、また視覚的効果を利用した資料と効果的なコメントのしかたなどがここに含まれます。

〈対応力〉には、心理的距離が生まれがちなオンライン上で相手と距離を縮め、気持ちを引き出す傾聴力や共感力、コミュニケーション量が減ることで生じる誤解や認識の差を埋める質問力などが含まれます。

また、オンラインコミュニケーションにおいて陥りがちな、一方的な話し方を避け、他の人に話を振ったり引き出したりするファシリテーションのスキルなども必要です。

次の章からは、この3つのキーワードに沿って、オンラインコミュニケーションのテクニックを学んでいくことにしましょう。

第2章

オンライン
コミュニケーションに
必要な〈印象力〉

〈印象力〉とは、画面の向こうの相手に良い印象を与えるスキルです。対面のコミュニケーションと同じくオンラインでも、見た目や声などから伝わる第一印象はその後のコミュニケーションの質を大きく左右します。

自宅にいるからといって、髪はボサボサで服装もだらしない印象の相手とは大事なビジネスの話をする気にはならないでしょうし、自宅であっても出勤時と変わらないきちんとした服装をしている相手には、話す前から一定の信頼感を抱けることもあります。

また、一般的には、暗いイメージを与えるより、明るい印象を醸し出すほうが、コミュニケーションを図るうえではアドバンテージとなります。

これらは初対面の相手に限ったことではなく、知っている相手だとしてもその時々の印象はとても大事です。

例えば、会議室に入ったとたん、普段は温厚な上司からいつになく不機嫌そうな印象を受けたら、その後のやり取りに大きな不安を感じませんか？ 逆にいつもはとっつきにくいイメージの上司にフレンドリーな雰囲気を感じる日は、コミュニケーションのハードルがグッと下がりますよね。

つまり、初対面だろうと、よく知っている相手だろうと、**コミュニケーションの冒頭でどういう印象を与えられるかが、その後のコミュニケーションの大きな鍵を握っているということなのです。**

オンラインでは「長所は普通に」「短所はより悪く」映る

では、オンライン上でコミュニケーションを取る時に、好印象を与えるために気をつけておくべきポイントとは何でしょうか？

それを知るためにはまず、オンラインの場合は、印象の伝わり方に大きな違いがあることを理解しておかねばなりません。

人の印象というのはさまざまな要素から形づくられるものです。

対面の場合なら、顔や表情、体型、服装といった視覚的要素や、声の質、声量、話すスピードなどの聴覚的要素だけでなく、その人から漂う香りや手の温もりといった、嗅覚や触覚を刺激するものもその要素になり得ます。そのような嗅覚、触覚的要素は、雰囲気とかオーラといった言葉で表現されます。会った瞬間、目の前の相手に良い印象を与えられる人というのは、人を魅了するこれらすべての要素が与える影響を、うまく利用しているのです。

しかし、オンラインコミュニケーションの場合は、相手の匂いは感じないし、体にふれることもできません。そのせいで、雰囲気やオーラといった類のものも伝わりにくくなるのが普通です。

つまり、オンラインコミュニケーションの場合、頼れるのは視覚的印象と聴覚的印象だけです。普段なら、雰囲気やオーラを武器にできる人も通用しなくなる部分が多くなり、対面ほどのインパクトを与えることが難しくなります。さらには、唯一頼れる視覚的あるいは聴覚的な情報さえも、対面よりも制限されてしまいます。

その結果、具体的には以下のようなことが起こります。

●視覚的なこと
自分は普段通りのつもりでも画面越しでは無表情に映る
顔映りは、基本的に実物より悪くなる
影がある部分は通常よりも暗く映る
髪の毛の乱れ、服についたホコリなどが意外に目立って映ることがある
姿勢の乱れや無駄なクセは大きく目立って映る

●聴覚的なこと
普通の話し方では聞き取りにくく聞こえる
喉声で話すと、キンキンとうるさく聞こえる
紙の音、息がもれる音などのノイズが異常に大きく聞こえる

普通のテンションで話すと、不機嫌そうに聞こえる

つまり、**視覚的にも、聴覚的にも、「長所は普通に、短所はより悪く」伝わってしまうのがオンライン**です。これらのことは、私もアナウンサー時代に嫌というほど痛感しました。オンラインコミュニケーションのスキルを向上させるためには、このようなオンラインがもつ特性に十分意識を向けることが必要なのです。

オンラインコミュニケーションには独特のマナーがある

残念ながら「伝わって欲しいことは伝わりにくく、伝わって欲しくないことは強調されて伝わる」と心した方がいいのがオンラインコミュニケーションです。

印象や音声の伝わり方が対面とは違う以上、オンラインでコミュニケーションを取る際のマナーは、対面と違った特有のものになります。

基本的なビジネスマナーや訪問マナーのようなものは、新人研修などでほとんどの人が学ぶでしょう。ところが、始まったばかりのオンラインについては、ほとんどの人や企業がそのマナーにまで意識を向けていません。中には、長くオンラインを使っているからという理由だけで、「マナーはもう身についている」と思い込んでいる人もいます。

だからこそ、相手を不快にさせないための〈オンラインマナー〉をきちんと理解し、身につけている人とそうでない人の間には歴然とした差が生まれます。

そこで、まずはオンライン上でコミュニケーションを取る際の基本的なマナーから学んでいきましょう。

1 身なりを整える

通話を始める前に、カメラを起動して、服装や髪型などの身なりを整えます。清潔感を第一にどんな人にも受け入れられる身だしなみが大切であることは、対面と同様です。互いに自宅にいることがわかっている場合など、事前にそのような申し合わせがある場合は別ですが、オンラインだという理由だけで、普段よりカジュアルで良いと考えるのは早計です。現在、オンラインでの商談を多くこなしている製薬業界や証券、保険業界などでは、自宅からであっても襟付きシャツ、ジャケット着用が常となっています。

そして、オンラインの場合、忘れてはいけないのは、画面に映る一つ一つが情報となり、思いのほか、大きな意味をもってしまうということです。

例えば着ている服が派手すぎたり、個性の強いアクセサリーを身につけたりすると、相手は話の内容よりも、そちらに気を取られてしまいます。つまり、余計な情報になってしまう、というわけです。このような本来伝えるべき情報の伝わり方を邪魔する要素をアナウンサーは〈ノイズ〉といって徹底的に排除します。例えば、前髪が額にかかって乱れている様子は、たった1本であってもノイズになったりします。ノイズがあることで、伝えたかったはずの大事な情報がうまく届かなくなってしまうので注意しましょう。

また、PCカメラは、服についたシワや小さなホコリまで拾うことはないだろうと油断しがちですが、必ずしもそうとは言い切れません。光の加減などによっては、想像以上に目についてしまう危険もあることを忘れてはいけません。

また、顔が暗く映ると不健康そうな印象を与えてしまうので、光の反射を利用するレフ板を使ったり、ディスプレイの向こう側から軽く光を当てたりすることをおすすめします。ただし極端に光を当てると顔が真っ白になったり、万遍なく当てないと、1か所だけに光が集まってしまって逆に不自然なので、程よい顔色になるよう、ふんわりと全体に当たるように加減してください。髪型を整える際に、極力影を作らないようにすることも、顔を明るく健康的に見せるコツです。前髪が長めの場合は、自然に流して額を見せるようにするほうが良いでしょう。

上半身だけビジネス仕様でオンライン会議に臨んだら、ふと立ち上がったときに、パジャマのズボンを穿いていることがバレてしまった、という笑い話を聞いたことがあります。ニュース番組にリモート出演したテレビリポーターがスーツの下に短パンを穿いているのが映り込んでしまった、という海外のハプニング映像を目にした方もいらっしゃるでしょう。

相手との関係性やシチュエーションによっては、笑えない結果にもなり得ますし、いずれにしても恥をかくことは間違いありません。また、もし相手にばれなかったとしても、画面の外でのだらしなさや緊張感のなさは、自分でも気づかぬうちに、表情や言葉遣いにあらわれることもあります。アナウンサーの仕事をしている頃、たとえラジオであってもメイクや髪型、服装をテレビ放送同様にして臨めと教えられました。それは画面に映らないという安心感からどこかが乱れてしまっては、それが気の緩みにつながり、言葉や話し方なども乱れやすいからなのです。

たとえ自宅からオンラインでつながる時でも、人と向き合うシチュエーションであることに変わりはありません。映る、映らないにかかわらず、**相手に失礼にならない**

ようにどこから見られても困らないレベルに全身の身なりを整えることは、少なくともビジネスにおいては、徹底すべきマナーだと思います。

2 背景やカメラの高さに気を配る

事前にカメラを起動して、服装や髪型などを確認する際には、同時に背景もチェックしましょう。背景には無頓着という方が時々いらっしゃるのですが、ビジネスの話をする場合には、生活感は極力見せないようにするのがマナーです。ピシッとスーツで決めているその背後に、キッチンの塩胡椒や子どものおもちゃなどが映りこんでいると、大事な商談などの相手であれば少なからず違和感を感じるはずです。もちろん、それを元にスモールトークに発展したりと良い効果をもたらす場合もありますが、それはあくまで相手が好意的に解釈してくれた時に限られることで、ビジネスでは余計な情報です。背景はスッキリしているに越したことはありません。背後が雑然としている場所は避け、目につく不要なものは移動させておきましょう。

また、これは、周りの人のマナーでもありますが、通話中に家族などが映り込まないような配慮も大切です。小さなお子さんが映り込んだ場合、微笑ましい印象を与えることもありますが、仕方なく映り込んでしまう場合はともかく、少なくともわざわざそうする必要はないと思います。ペットの場合も同様です。子どもと動物には勝てないとはよく言ったもので、それが映り込んだ瞬間、話題が全部そちらにもっていかれ、肝心な話が十分できないまま時間切れになってしまう危険もあります。

よく質問を受けるのが、オンラインでの目線についてです。オンラインで話す時、どこを見て良いのかわからないというものですが、実際に目線の配り方はとても難しいものです。

まずは、目線の高さを調整しましょう。基本は、相手に対してまっすぐに目線を向けているような高さが理想です。目線が高すぎると、相手を見下ろしているような印象を与えるのでPCの下に台を置いたり、ディスプレイの角度を変えるなどして調整してください。見下ろすような目線になると、偉そうな印象を与えてしまうので、特に相手が上司かお客様の場合は注意しましょう。

また、カメラに近づきすぎたり、逆に遠すぎたりすると、顔が大きく映りすぎたり、小さく映りすぎたりしますのでカメラとの距離もきちんと調整します。もちろん顔が見切れたりするのもNGです。バストアップ、わかりやすく言えば証明写真のアングルくらいの姿で映っているのが最も好印象だと思います。

オンライン営業の上級者は、カメラをうまく利用して相手と心を通わせるテクニックを使っていたりします。例えば、相手の話を聞いている時や、資料を読み上げている時、たまにPCカメラを見るようにします。すると、相手からは目線が合っているように見え、心が通ったように感じさせることができます。

また、勘違いしやすいのですが、画面に映る相手の目を見ているからといって目線が合った気になってはいけません。画面を見ていても相手と目は合っておらず、目線はやや下がって見えます。目線を合わせるのは、あくまでもカメラ目線であることを忘れないようにしてください。

また、カメラに映った自分の顔を見るのが苦手、という理由で、カメラをオフにしたままにする人もいるのですが、特別な理由がない限り、カメラをオンにすることも大事なマナーの一つです。服装が乱れている、メイクをしていない、背景がごちゃごちゃしているなどは、あらかじめ準備しておくべきことなので、カメラをオフにしていい理由にはなりません。

事前準備を整えてカメラをオンにしている。そんな相手に、不十分な態度で応対するのは失礼な行為にあたります。カメラのオンオフ機能があると、つい使ってしまいがちですが、対面と遜色ないオンラインコミュニケーションのスキルを身につけたいのであれば、いつでもカメラをオンにできる準備をして臨むようにしましょう。

3 資料の準備は万全に

資料がうまく共有できていないことがオンライン中に判明すると、大きな時間のロスになります。資料が不足していると、対面の時のように「ちょっと、コピーしてきます」とはいかないので、説明が不十分になったり、会議の進行に支障が出たりします。オンライン上のやり取りでは資料を共有することが前提になるので、事前にメールなどで送り、きちんと共有できていることを確認しておきましょう。

オンライン中に画面に提示する場合には、「〇〇の資料、表示されていますか？」「文字の大きさは適当でしょうか？」などと、適宜声がけをすることも心がけてください。

万が一資料の共有がうまくいかない場合は、資料は改めてメールで送付する、ウェブサイトなどを案内するなど、もしもの時の策を考えておけば、大事な商談などでは安心でしょう。

4 見えない箇所にも気を配る

画面には映らないからと言って、足を組んだり、ぶらぶらさせたりすると、姿勢に乱れが生じます。画面に映らないところが乱れることで、画面に映るところも乱れてくるのは服装と同じです。

猫背にも注意が必要です。上半身しか映らないということは、上半身に相手の目が集中するということでもあります。特にＰＣに向かうと猫背になりがちで、姿勢の乱れが想像以上に目立ちますので、対面の場合と同様にきちんと背筋を伸ばすことを心がけましょう。

また、椅子の肘掛けに肘をついて座っていたり、机に片肘をついていたりする人がいますが、上半身がフォーカスされるぶん、対面より横柄な態度に映りやすいので注意してください。

周囲の雑音に気を配ることも大切です。家族の話し声や、ペットの鳴き声はもちろん、手元の動作から生まれる音（キーボードを打つ音、紙の資料をめくる音、ペンをカチカチ鳴らす音）も、思いのほか耳障りなので注意しましょう。

ＰＣ内蔵のマイクは幅広い音を集音する設計になっていることが多いため、可能であれば声のみを拾う外付けのマイクか、ヘッドホンとマイクが一体化したヘッドセットを準備することをおすすめします。ただしその場合、マイクが口に近いぶん、息が入る音が耳障りなこともあるため、息が直接入らないようにマイクの位置を少し下げるようにすると良いでしょう。

声のボリュームは、聞き手側からも調整はできますが、元々の声が大きすぎると、音が割れてしまう可能性もあります。相手にどう聞こえるかは、画面のこちら側では確認することができません。自分のPCマイクを通して声が、相手側にどれくらいの音で伝わっているかを確認するためには、時間のある時にでも親しい人とオンラインでつないで声のボリュームを変えながら話し、どのくらいの声量が適切かをアドバイスしてもらうといいでしょう。自分のPCを使ってオンラインで話す時はどのくらいの声量が適切かをあらかじめ知っておくと便利です。

ここまで紹介したオンラインコミュニケーションのマナーはどれも、少しの準備と心がけでできることです。これらを実践するだけでも、51ページで紹介した、画面上で起こりがちな問題のいくつかを解消し、印象を良くすることはできますが、商談を成功させる、クライアントから信頼感を得るなど、ビジネスでの目的を達成するためには、さらなるテクニックが必要です。

ここからは、実際に望ましい結果を手に入れるための、画面越しでも伝わるノンバーバル・コミュニケーションのテクニックを学んでいきましょう。これを身につければ、オンラインコミュニケーションに必要な印象力を格段に上げることができます。

微笑みレベルでは無表情に近くなる オンラインの落とし穴

私たちは口の周りの筋肉（口輪筋）、目の周りの筋肉（眼輪筋）や瞳、額（前頭筋）や眉（皺眉筋）など、顔にある多くの筋肉を動かして表情を作っています。しかし、オンラインでは、そういった筋肉の細かい動きが、対面ほど伝わりません。そのため、笑顔を作ったつもりでも相手には無表情に見えたり、きちんと傾聴姿勢をとっているつもりでも、ぼーっと聞いているように見えてしまうことがあります。

67ページのイラストは対面コミュニケーションにおける、好ましい笑顔の度合いを示したものです。

対面コミュニケーションの場合は、話を始める前などは20％、話を聴いているときは40％くらいの〈微笑み〉がちょうど良いのですが、これがこのままオンラインに当てはまるわけではありません。20％はオンラインでは無表情に近く、40％でも笑みを浮かべているとは認識してもらえない可能性もあります。

オンライン上で気持ちを伝えるためには、**対面よりも少し大きめに口の周りの筋肉を動かし、表情を大きめに作ることをおすすめします。**笑顔であるという印象を与えたい場合は、30〜40％くらいの笑顔を心がけるのが、ちょうど良いと思います。笑っていることを明確に伝えたい場合は、60％くらいの笑顔を意識する必要があります。口角を上げ少し歯を見せれば、経験則として、相手が笑っていると気づきやすいからです。オンラインで表情を作る時は、少し大げさかなというくらいでちょうど良いでしょう。

またオンラインでは、対面と違い、頭やあごを軽く動かすだけのうなずきでは、「うなずいている」と相手に認識してもらえない場合があります。相手の話をちゃんと聞いていること、理解していることを伝えるためには、頭を動かし、対面時より深くゆっくりうなずく意識をもつことが必要です。

ただしあいづちは、対面よりも少なくすることがポイントです。オンラインであいづちを打つと、音声にギャップが生じるため相手の言葉と被ったりして、ストレスを生みます。あいづちを頻繁に打つことは避け、打つ場合は、短く、音声のギャップを考慮して一拍おいてから打つようにすると良いでしょう。

また、質問で割り込む場合も、音声が被りやすいのでタイミングをとるようにしましょう。相手が話し終えたと思っても、一拍おいて相手がもう話さないことを確認してから、「質問しても良いですか？」と断るくせをつけておくと、会話が被って気まずい思いをすることを避けられます。

笑顔で掴む!

オンラインで説得力を出す目線の配り方とは

対面でも同じことが言えますが、コミュニケーションをとる際に、相手と目線を合わせることはとても大事です。

そして、目線を合わせることに関しては、ある意味オンラインの方が対面よりも簡単かもしれません。

対面で相手が複数いる場合、目線を合わせたくてもすべての人の目を見て話すのは不可能ですが、オンラインの場合なら、テレビのアナウンサーがそうであるように、カメラ目線で話すことで、一斉に画面を見ているすべての人と目を合わせることができるからです。２０２０年の６月に、Zoomを使った史上初の〈図夢《ズーム》歌舞伎〉が上演されましたが、その際も、舞台上の役者さんたちがカメラを見るたびに、観客は自分と目を合わせてくれたように感じ、それによってグイグイ引き込まれたという声が多く上がったのだそうです。これはまさに、生の歌舞伎にはない、リモート歌舞伎ならではのメリットの一つだと言えるでしょう。

また、相手の目を見て話すということが苦手だという人でも、オンラインの場合は、実際に見るのはカメラなので、そのハードルはグッと下がります。

視線を合わせるタイミングは、自分が話し終わるタイミングや資料が変わるタイミング、問いかける時などがおすすめです。これなら自然に相手と目線を合わせることができますし、信頼感や親しみといった印象を効果的に与えることができます。

また、目線を合わせるのと同時に、語尾に気持ちをのせ、相手の側にそっと置くような意識をもつと、さらに効果的です。このテクニックは相手に質問をする際にも使えます。慣れるまでは、難しいと感じるかもしれませんが、目線を合わすテクニックと同様に相手との心理的な距離を縮めるという意味でもとても有効なテクニックです。

一方目線に関するデメリットとしては、その乱れが対面以上に気になる点が挙げられます。

対面で話しているときなら、たとえあなたが相手の後ろにある絵画や窓の外の風景、時計などを見たとしても、相手はさほど気になりません。あなたが何を見ているか理解ができるため、その意図を相手も察することができるからです。窓の外を見ていたら「風景が気になるのかな」と考えますし、時計を見る様子が目に入れば「そろそろ時間かな」など、目線の先にあるものから、あなたの気持ちを相手も推察することができるのです。

しかし、オンラインで話している時に、あなたが何気なく視線をそらした場合、相手は何を見ているのかの想像がつきません。そのせいで、全く関係のないところを見ているように伝わり、話に集中していないかのような印象を与えてしまいかねないのです。

それを防ぐためにもオンラインでは目線の配り方に配慮し、手元の資料を見ている、メモを取っている、画面で共有された資料を見ているなど、相手から見て、あなたが何を見ているのかがきちんと伝わるようにしましょう。

また、オンラインの場合は特に、話し手側は相手がちゃんと聞いてくれているかどうかが気になるものなので、傾聴時は「きちんと聞いている」ということを伝えるためにも、話している相手と目線を合わせる意識をもつほうが良いと思います。

相手と目を合わせているつもりで、画面に映る相手の目を見ながらうなずいている人が時々いますが、すでにお話ししたように、カメラを見なければ目線は合いません。感覚的に目が合っているように勘違いしがちなのですが、時折画面から目線を外し、PCカメラを見るようにしないと、相手からはあなたがずっと目を伏せているように見えてしまうので、注意してください。

このようにオンラインの特性を利用した目線の配り方を身につければ、オンラインにおける〈印象力〉を高めることができるでしょう。

オンラインではテンション3倍を心がける

ごく普通に話をしているつもりなのに、相手に何度も聞き返されてしまうといった悩みをよく聞きます。

このような悩みは、対面に比べて音声も聞き取りにくくなるというオンラインにおいては、さらに顕著になります。

つまりオンラインの場合、相手の立場に立ち、聞き取りやすさに配慮するなら、対面で話すとき以上にクリアに発音する必要があるのです。

ポイントは、**対面の時よりも、口を大きく開けてゆっくり丁寧に発音すること**です。

「ボソボソ、モゴモゴ話す」という言葉があるように、口の動きが小さいと、音が口の中にこもってしまい聞き取りにくい発音になります。また、口の開きは、母音を決定するため、正しい口の形で発音しないと、違った音に聞こえたり、メリハリのない発音になってしまいます。反対に、口を大きく開けて発音すると、口の中に音がこもらずしっかりと外に音が出ていくため、聞き取りやすくメリハリがつくだけでなく、明るい印象の話し方になります。また、オンラインでは複数の相手に向かって話すことも多くなるため、一度で聞き取れるスピードで丁寧に話すことを心がけることも大切です。

次に声の出し方ですが、高すぎる声はマイクを通すとキンキンとうるさく聞こえるので注意しましょう。

対面の場合なら、明るい印象を与えるために、第一声は音階でいうところの〈ソ〉のトーンで話すことをおすすめしていますが、オンラインでは少し高すぎます。また高音で話すと自然に声も大きくなってしまうという人もいますので、オンライン上では少し高さを抑えた〈ファ〉くらいのトーンを意識すると良いでしょう。小声でそっと「♫ドレミファ」とうたってみれば、〈ファ〉のトーンは見つかります。

また、表情を伝えるのが難しいオンラインでは、やる気や熱意も伝わりにくく、自分では普通に話しているつもりでも、不機嫌な印象を与えてしまう危険性もあります。

私はアナウンサー1年目に、ニュースの中の生中継のコーナーを担当していました。毎週、中継現場から、季節の話題などその時の旬の話題を中継するのですが、最も苦労したのが、現場の感動をそのまま視聴者に伝えることでした。

例えば、桜の名所から桜の美しさを伝えるとき、家でテレビの前にいる視聴者が現地で実際に桜を目にしているかのように感じさせるのがアナウンサーの役割です。そのためには、映像にのせて自分が受けた感動を言葉で表現して伝えねばなりません。ところが、実際に中継のVTRを見返してみると、私が受けた感動はまるで表現できておらず、むしろ淡々と伝えているようにさえ見えました。

その後も同じようなことが続き、「一体、何が悪いのだろう」と悩んだ私は、中継の上手な先輩に相談してみることにしたのです。

「中継では、私がその場で感じた感動をそのまま表現しようと頑張っているんですが、どうもうまく表現できなくて……」

するとその先輩は、こうアドバイスしてくれました。

「そのまま表現するから伝わらないんだよ。カメラを通して、自分の感動をそのまま伝えるには、3倍くらいオーバーに表現しないと伝わらないよ」

その場にいるわけでもない、自宅で何気なくテレビを見ている人の心をつかみ、そのままの感動を伝えるためには、3倍増しの表現が必要だということに、私は初めて気が付いたのです。

ビジネスでのやる気や熱意をテンションと言い換えるなら、オンライン上では自分が表現したテンションのうちの3分の1くらいしか伝わらないと思ってください。だからこそ、**自分の思いを温度差なく伝えようと思えば、「テンション3倍」を心がける**必要があるのです。

「テンションUPでも声は落とす」がオンラインのルール

テンションを上げる時に、注意しておくべき点があります。それは声の大きさです。テンションを上げてください、というと、ほとんどの方が大きな声を出そうとします。対面の場合なら大きな声も自分の熱量を伝える要素になりますが、オンラインの場合は、声が割れてしまったりして、それが聞き苦しさにつながります。

テンションを上げようとすると、声も大きくなる傾向は確かにあるので、オンラインコミュニケーションでは、気持ちが盛り上がってきた時こそ、あえて声を落とす意識をもつことが大事だとも言えます。

実際に、大きな声を出さなくてもテンションを上げることはできます。

例えば、テレビやスクリーンを通しても、その役を演じる役者さんが醸し出す感情はひしひしと伝わってきます。だからといって、必ずしも大きな声を出しているわけではありません。ときにはひと言も発しないことさえあります。つまりうまい役者さんほど、気持ちだけを上げるスキルをもっているのです。

言葉には、〈言霊《ことだま》〉という不思議なパワーが内在しています。言葉とは単なる音声表現ではなく、伝えたいというエネルギーがそれにのせられることで初めて伝わるものなのです。

そんなの思い過ごしでは？　と思うかもしれませんが、対面においても、伝えたいというエネルギーを言葉にのせることを意識して話すようにすると、普段よりずっと伝えたいことが伝わりやすくなることを感じるはずです。オンラインの場合は、そのエネルギーを3倍にする必要があるということなのです。

また、声と同じくテンションに引っ張られ、ジェスチャーが増えてしまうことにも注意が必要です。頻繁な手の動きや雑なジェスチャーはノイズとなり、小さな画面の中で強調され、相手はそれが気になって話に集中できなくなってしまいます。

なお、効果的なオンラインコミュニケーションのための話し方のテクニックについては、第3章で詳しくお伝えします。

Let's TRY!

聞き取りやすい発音を手に入れるためのトレーニング

実践の目安 毎日1分以上

【口の体操】

① 首筋や肩の力を抜いて、上半身をリラックスさせる。座った姿勢でも可。

② 口を思いきり開けて、実際に声を出しながら「あ」「い」「う」「え」「お」と、一分間以上繰り返す。

口の四隅をいっぱいに広げる。

口を横いっぱいに引く。

唇をつぼめて突き出す。

口角を横一文字に引き、下唇の先が逆三角形の頂点にくるように突き出す。

縦長の楕円形になるように唇を広げる。

実践！　オンライントレーニング

「ファ」のトーンで、口をハキハキ開けて、テンション3倍を意識して挨拶の練習をしましょう。（声が大きくなりすぎないように注意！）

●笑顔で感謝の気持ちを込めて
「おはようございます。」

●気持ちを込めて
「お疲れ様でした。」

●丁寧な印象で
「どうぞよろしくお願いいたします。」

●最大限の感謝を込めて

「ありがとうございました。今後共よろしくお願いいたします。」

※相手からどう見られているかを確認するため、オンライントレーニングを行う際は録画機能を使い、自撮り映像を見直すことをおすすめします。

第3章

オンライン
コミュニケーションに
必要な〈伝達力〉

オンラインコミュニケーションに必要な〈伝達力〉とは、**情報の伝わり方が対面と違うオンライン上においても、伝えたいことを正確に伝えるスキル**のことです。

まず必要となるのが、音として効果的に伝達するスキルです。

第2章でお話しした、口を開けてハキハキと明確に発音する、一度で聞き取れるスピードで丁寧に話す、声のトーンを少し落とすといったことは、〈印象力〉を上げるためにも大切であると同時に、伝えたいことを正確に伝達するための重要なテクニックでもあります。

この章ではまず、オンライン上での発声、発音の方法をさらに詳しく説明し、強調や抑揚など応用の表現テクニックについて、お話ししていくことにしましょう。

なお、ここで紹介するテクニックはオンラインコミュニケーションに限らず、ありとあらゆる話す場面において役に立つものも多いので、ぜひ参考にしてください。

喉をいためず、聞き手にも心地良く声を届ける腹式発声

まずは伝えたいことを正確に伝えるための音声テクニックのうち、発声のテクニックについてお話ししましょう。

声のボリュームを上げようとするあまり、喉声で話す人は珍しくありません。

喉声というのは文字通り、喉に無駄な力がかかった声のことです。あごが上がって猫背になっていたりすると喉声になりやすく、長く喋っていると、喉が痛くなったりかすれてしまったりします。

この喉声には、大きく出そうとすればするほど、キンキンと不快な響きをもつという重大な欠点があります。そしてこの不快な響きは、マイクやスピーカーを通すことで、ますます増幅されてしまいます。

つまり喉声は、話す側の喉にも、そして特にオンラインの場合は聞く側の耳にも、

大きな負担をかけてしまう声の出し方なのです。

オンラインでも聞き取りやすい声とは、たっぷりの息に声をのせて響かせる腹式発声です。腹式発声をすれば喉に負担がかからず、相手の耳にもやさしく、聞き心地の良い声を出すことができます。このような声が、スピーカーを通して聞いても心地良い、オンライン映えする美声と言えるでしょう。

腹式発声に必要なのが、腹式呼吸、つまり、息を吸い込んだ時に体のどこにも力が入らずおなかだけが膨らみ、吐き出すときにはおなかがへこむ、腹筋の動きと連動して息をゆっくりと吐き出すような呼吸法です。

こうやって文字で説明されるとなんだか難しそうに感じるかもしれませんが、寝転んでゆっくりと呼吸してみてください。誰でも息を大きく吸い込み、吐き出しながらおなかが動く腹式呼吸に自然となっています。

また、腹式呼吸にあわせて声を出す感覚をつかむには、声を出しながら大きくため息をついてみてください。「はあ」と、息を出しながら声が出たはずです。

そして次はため息をつく要領で息を吐き出しながら、そこに「アー」と音をのせてみましょう。それが腹式発声、つまり、吐き出したたっぷりの息に声をのせる発声法です。喉をしぼって声を出している感覚がなく、楽に空気に音をのせて胸のあたりや、額のあたりに響いて、ビンビンと感じる感覚が、腹式発声ができている目安になります。

Let's TRY!

オンライン映えする声を
手に入れるためのトレーニング

腹式発声はトレーニングによって誰でも簡単に身につけることができます。一週間続けただけでも、自分の声に自信がもてるようになりますので、しっかりマスターしておきましょう。

準備するもの

柔らかめのペットボトル（へこみやすいもの）

▶肺活量に自信がある人 …… **1.5リットル**くらいの大き目のもの
▶肺活量に自信がない人 …… **550ミリリットル**くらいのサイズのもの

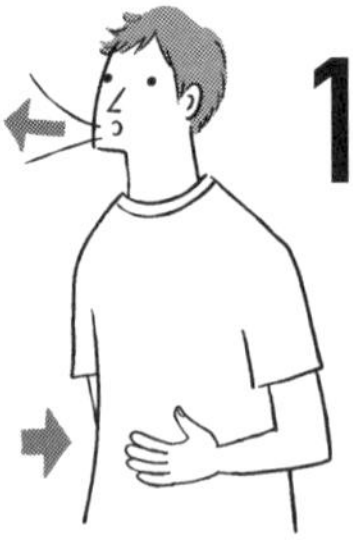

1 お腹をへこませながら、
体の中の空気をすべて吐き出す。

2 空のペットボトルを口にあて、
吸い込みながらへこます。
（この時、お腹を膨らませながら吸い込む）

3 お腹をへこませながら
息を吐き出し、
ペットボトルを元の大きさに
膨らませる。

＊①から③を１セットとして、毎日１分程度練習しましょう。

聞き間違いされない、明瞭な発音の方法とは？

オンラインでは細かい音の聞き分けが対面よりも難しくなるため、どうしても聞き間違いが増えます。例えば、「1」（ichi）と言ったつもりが相手には「7」（shichi）に聞こえたり、「100」（hyaku）を「約」（yaku）だと勘違いされるなど、似た音であれば聞き間違いが生じるリスクはさらに高まります。

ちなみに、対面であってもマスクを着用していたりする場合は同じようなことがおこりやすくなります。何度も聞き返されてしまうと、時間のロスになるだけでなく、聞き返すほうにもストレスを感じさせるので、明瞭に発音できるように改善しましょう。

大切なのは、音を一音一音、正確に伝えることです。

日本語を構成する五十音は、それぞれに特徴があります。母音を作る口の開け方、舌の位置や動き、唇の形や動き、息の使い方まで、さまざまな個性があるのです。にもかかわらず、音の特徴を理解しながら発音している人はほとんどいないでしょう。

英語の発音を学ぶときには、正しい口の形や舌の位置、唇の動かし方などを学ぶことから始めますが、日本語でそれを学ぶ機会はほとんどありません。

その結果、日本人であっても、日本語の発音があいまいになり、オンライン上などでは特に聞き取りにくい発音になる原因になっています。

特に聞き取りにくい音を発音する際の、舌や唇の動きなど目安となるポイントを以下に挙げておきますので、参考にしてみてください。

カ行→舌の付け根をうわあごの裏につけ、しっかりと口の奥を狭くして発音する
サ行→上下の歯の隙間から息を勢いよく出す
タ行、**ナ行**→舌の先の方を上の歯の裏にぴったりとくっつけてから発音する
ハ行→口をしっかりと開け息をしっかりと吐き出しながら発音する

Let's TRY!

声をのせる発声練習

実践の目安 毎日4セット

お腹の動きと連動して息を吐き出す腹式呼吸の感覚がつかめたら、息を吐き出す際に、「あ〜」という声をのせてみる。この時、喉から声を出さず、息に軽く音をのせる感覚で行う。

マ行↓口を開けるときに上下の唇の摩擦を意識する
ラ行↓舌先をとがらせて、上下にバウンドさせるように発音する
パ（バ）行↓唇をすりあわせながら、破裂させるような音を出す

脱落音があると、対面でもだらしない印象に

聞き取りやすく話すためには、脱落音と呼ばれる、発音できていない（抜け落ちている音）をつくらないことが大事です。

脱落音が多い人には、先に挙げたような難しい音が発音できていなかったり、母音（aiueo）が抜け落ちたりしている特徴があります。

例えば、「ありがとうございます」を正しく一音一音発音すると、

A RI GA TO U GO ZA I MA SU

となります。

でも、脱落音がある人の場合、

「あざ～す」

のように聞こえることがあります。

これは少し極端な例ですが、母音まで意識して一音一音丁寧に発音しないと、相手に雑な印象を与える発音になってしまいます。

たかが話し方と思っていても、時に話し方は〈人格〉として伝わってしまうこともあります。

文字も人格を表すといいますが、文字を書くときも、丁寧に書いてあったり、大きさが揃っているほうが美しく見えますよね。話し方にも同じことが言えます。

つまり、話し上手でなくとも、**一音一音丁寧に発音された「粒の揃った音」は、その人の〈人格〉をも美しく見せてしまう**のです。アナウンサーの発音が美しく、聞き取りやすいのは、脱落音がない、正確な発音をしっかりトレーニングしているからなのです。

このように明瞭な発音は、聞きとりやすいだけでなく、知的な印象をも相手に与えることができますのでぜひ心がけてみてください。

聞き手を飽きさせない表現テクニックを身につけよう

さて次は、伝えたいことをより効果的に伝えるための、相手を引きつける表現テクニックです。

すでにお話ししたように、アナウンサーというのはテレビの前ですっかりリラックスしている視聴者に内容を一度で理解してもらうだけでなく、そのニュースの要点をきちんと届けなければなりません。

もし、一本調子で淡々と話してしまうと、大事なところが埋もれてしまい、伝えたいことが伝わらず、印象にも残りません。

そこで、重要なところを強調したり、必要に応じて間をおいたりする表現テクニックを使っているのです。

こうした表現テクニックは、大勢を前にしたスピーチやプレゼンだけでなく、聞き手の集中力が途切れやすく、限られた時間の中で必要なことを伝えなければならないオンラインコミュニケーションにおいては、特に重要な役割を持ちます。

第2章で、自分の気持ちを相手に伝えるには3倍増しのテンションで表現しなければ伝わらないとお話ししましたが、こうした表現テクニックを用いれば、伝えたいことを効果的に強調することができます。

表現テクニックの中でも代表的なのは抑揚、つまり音の高低差をつけるテクニックです。

例えば音楽であっても、あまり音程に変化のない曲を聴いているときは長くなるにつれ飽きやすくなります。人の話もそれと同じで、高低差のない話し方は単調に聞こ

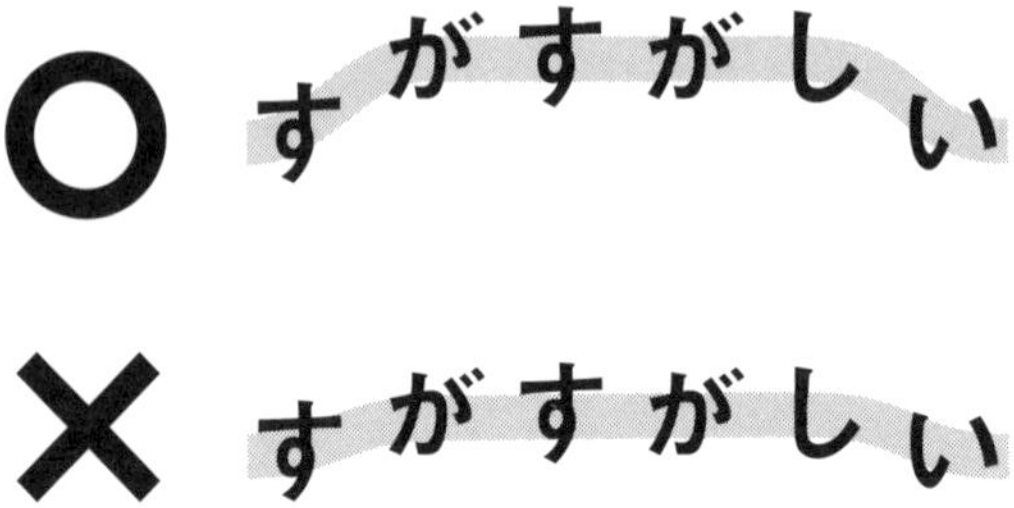

えやすく、聞いているほうは平坦な道をただ歩いているような感覚に陥り、話が長くなるとつい眠くなってしまいます。オンラインの場合はなおさらでしょう。

一方、抑揚がつくとそこに変化が生まれるので、聞き手も退屈しません。アップダウンのある道を歩くのと同じように、オンラインでも聞き手を飽きさせない話し方が可能になります。

抑揚をつける方法は二つあります。

一つは、上の図のように、単語の中の一つ一つの音に高低差をつける方法です。これだけで言葉にぐっと躍動感が出ます。

そしてもう一つは、文章全体の中で強

調したい箇所、つまり、ここがポイントという箇所は、少し高い音で話し始めることで抑揚をつける方法です。

試しに次の文章を読んでみてください。

ビジネスにおいてＡＩとの協業が当たり前に求められる時代。
人とＡＩとの協業に投資することにより、２０２２年までに38％の収益効果が可能だと推測されています。また、生産性の向上だけでなく新しいビジネスの創造や革新にもつながります。

普通に読んでしまうと、淡々とした平坦な印象を与えてしまいがちな内容ですが、次は横に線をつけた箇所を強調するつもりで、抑揚を意識して読んでみましょう。

ビジネスにおいてＡＩとの協業が当たり前に求められる時代。

人とAIとの協業に投資することにより、2022年までに38%の収益効果が可能だと推測されています。また、生産性の向上だけでなく新しいビジネスの創造や革新にもつながります。

いかがでしょう。より生き生きとした印象を醸し出せることに気づいていただけましたか。

実際のオンラインコミュニケーションにおいても、事前に原稿があるような場合には、このように強調したいところにあらかじめ印をつけておくのは良い方法です。慣れてくれば、印がなくても、また特に原稿がないような場合も、抑揚をつけて話すことができるようになります。

強調する方法としては他にも、「感情を込める」「音に強弱をつける」「スピードを変える」という方法がありますので状況に応じて、使ってみても良いでしょう。ただし、オンラインの場合は、音が弱かったり、スピードが速すぎたりすると、言葉自体が伝わらなくなりますので、弱くする表現よりはむしろ強める表現を、スピードを速くするよりはゆっくり話す表現をおすすめします。

間を取ることで大事な言葉を印象づけ、聞き手の理解も助ける

強調したい場所をより際立たせるのが、間です。話し手にとっては時に気まずいと感じることもある何も言わずに沈黙する時間が、聞き手には非常に重要です。

つまり、自分の言いたいことを、聞き手に無理なく理解してもらいながら、大事なことを相手の印象に残すために使うのが、間のテクニックなのです。音声が聞き取りづらかったり、集中力が持続しにくいオンラインでは特に、間を取ることが特に大切です。間のテクニックを使いこなせば、相手を飽きさせず、重要なポイントを相手の印象に残す話し方ができます。

間には、引きつけの間と理解の間の二種類があります。

強調したい言葉の前後にとり、言葉に聞き手の注意を引きつける間のことを、〈引きつけの間〉と呼んでいます。

間を取る時間は、1秒から3秒くらいが妥当です。

先ほどの文章で、引きつけの間を試してみましょう。

抑揚をつけた大事な言葉の前後に、1〜3秒の間をおいて読んでみてください。


ビジネスにおいて／AIとの協業／が当たり前に求められる時代。

人とAIとの協業に投資することにより、2022年までに／38%の収益効果／が可能だと推測されています。また、生産性の向上だけでなく／新しいビジネスの創造や革新／にもつながります。


いかがですか？　強調したい言葉が、まるでそこにスポットライトが当たっているかのように、際立つのが実感できましたか？

間を取る時間は、どれだけその言葉を強調したいかによって変わります。間の天才と言えるスティーブ・ジョブズは、プレゼンの冒頭で、ツカミの一言を用いることが多いですが、登壇して最初の一言を発するまでに7秒の間を取った例があります。話し手が黙り込むと、聞き手は「どうしたんだろう?」という気持ちになり自然と注目します。その心理をうまく利用するのが間のテクニックなのです。ただ、あまりに頻発すると、何が大事なのか逆にわからなくなったり、聞き手が慣れてしまい本当に大事なところで注目を集められなくなるため、絞り込んで使うことで効果を発揮します。

商談などでは、特に相手に伝えたい言葉の前の1秒、もしくは前後に1秒ずつくらい間を入れると、違和感もなく、自然な形で聞き手の注意を引きつけると同時に印象に残すことができるでしょう。

もう一つ覚えておきたい間は、〈理解の間〉です。

これは、段落ごと、もしくはひと通り話を終え、違う話題に入るタイミングで取る比較的長い間のことです。時間的には3~5秒くらいです。

聞き手は話し手と違って、話の内容を事前に知っているわけではありません。そのため、今まで聞いた話を頭の中で咀嚼する間がないと、次の新しい情報が頭に入ってきません。

早口の人の話が右から左へと流れていってしまい、まったく印象に残らないという経験はありませんか？

まさにそれは話に間がないせいであり、頭の中で話題を整理する時間がなく、情報を消化し切れないことが原因なのです。

特にオンラインでは、一人が一方的に話す時間が長くなるため、相手がどこまで自分の話についてきているかわからなくなったり、相手が話についてこられなくなっていることも多々あります。

そういったことを防ぐため、話が一段落したところで一度理解の間を取りましょう。すると、聞き手は新たな情報を受け入れる準備ができるため、次の話もスムーズに伝えられるようになります。

また、理解の間のあとは、転調といって、調子を変えて話し始めると話が転換したことがよくわかります。転調する際は、次に始まる話題に合わせて声のトーンを変えたり、スピードを変えたり、表情を変えたりすると良いでしょう。

実践！　オンライントレーニング

強調したいところに印をつけた上で、次の文章を、音声テクニックや表現テクニックを使って読んでみましょう。

自撮り映像で音声も確認し、ＰＣマイクを通して相手に心地よく聞こえる声の大きさがどれくらいなのかを感覚的に覚えておきましょう。

はじめまして。

（社名）の（名前）と申します。

お忙しい中、会議に参加下さいましてありがとうございます。

本日の議題は、三つございます。

まずは、弊社からのご提案について、二つ目は、御社からご提供いただけるサービスについて、三つ目は、二社で協業できる分野についてです。

要点をまとめて話すには、ロジカルスピーチがおすすめ

オンラインにおいては、音声に時間的なギャップが生じるため、適宜質問を挟むというのがなかなか難しく、誰かが一方的に話す時間が長くなります。だからこそ話し手は、だらだらと長く話すことを避け、極力要点を絞って、端的に話さなければなりません。

そのために身につけておきたいのが、物ごとを体系立てて伝える〈ロジカルスピーチ〉のテクニックです。

ロジカルスピーチとは、ロジカルシンキングで用いられるロジックツリーを使って、結論やポイントを明確にしながら、体系立てて伝える話の構成のことです。

105ページのフレームをご覧ください。

これは、話の要素を構成するロジックツリーです。

結論のボックスには、最も伝えたいこと、その下の理由のボックスには結論に至った理由や、話のポイントとなる要素を2つから3つ程度、最後の詳細のボックスには、それぞれ理由のボックスに入る要素を細かく説明したり、足りない情報を補足したりする要素を入れます。そして、伝える時には、上から下に向かって、結論を最初に述べ、次にその結論に至った理由またはポイント、最後に詳細の順で話します。

このようなロジカルスピーチは、大事なことから順に、伝えるべき要素を絞って伝える構成です。つまり、**聞き手に届けたい情報を、最も効果的な順に過不足なく伝える方法**ともいえるでしょう。短時間でポイントを押さえて伝えられるだけでなく、聞き手の印象に残りやすいというメリットがあります。

よく、「一生懸命話しているのに、周りの人からは何を言っているのかわからないと言われる」というお悩みを聞くのですが、話している内容のすべてがわからないということではなく、結局何を伝えたいのかが理解できないという意味なのではないでしょうか。

要するに、自分の話を相手に理解してもらうには、何を伝えたいのかという結論を明確にし、その根拠を示して相手を納得させることが必要なのです。

話がわかりにくい、話が長いと思われる人というのは、思いついた順番に話していたり、時系列に細かい要素から話し始める傾向があります。

例えば、駅から目的地までの道のりを説明するとしましょう。

駅を出たら、右に曲がって、2番目の角を左に曲がって、そこをずっとまっすぐ行って……と、時系列的に詳細から伝えてしまうと、聞いているほうはとてもわかりにくく感じます。何度も聞き返してしまったり、すべての情報を記憶にとどめておくのも大変です。

話を構成する時は…

ロジックツリー
~ロジカルに話せる魔法のツリー~

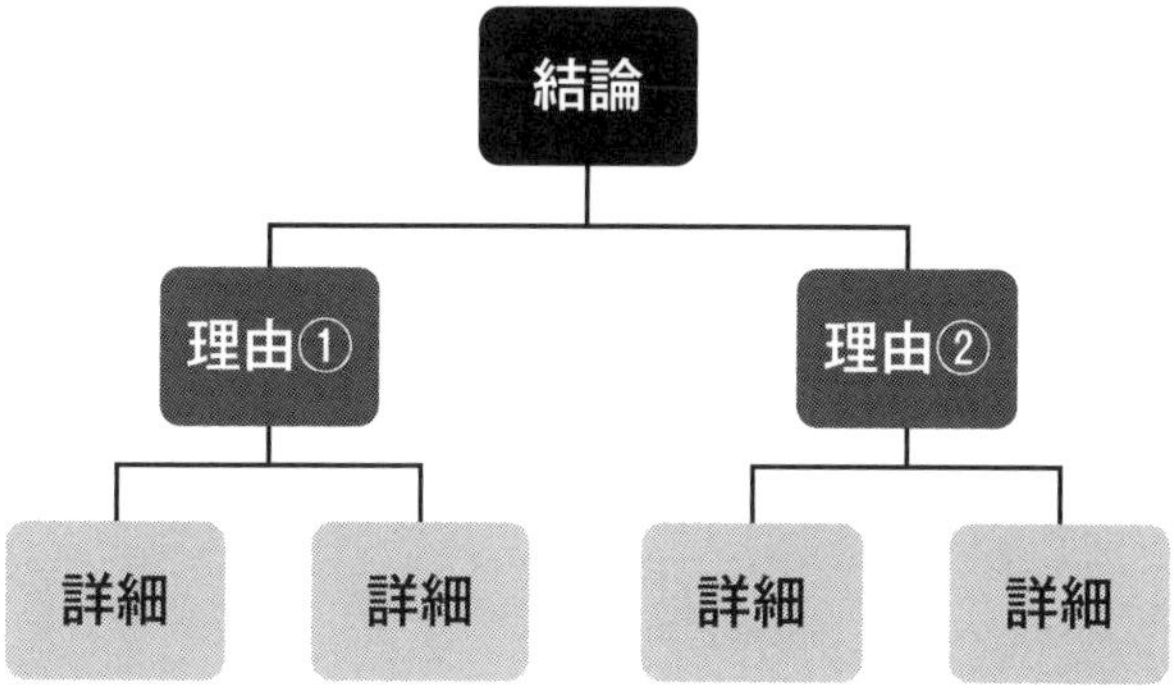

伝える時は…

ロジカルスピーチ(=論理的に伝える)の順序

結論を述べる

▼

理由(ポイント)をあげる

▼

理由(ポイント)の詳細を述べる

▼

再度、結論を述べる(結論のサンドイッチ)

なぜそのようなことが起こるのかと言えば、このような積み上げ式の伝え方の場合、聞き手はどこにゴールがあるのかがわからないまま、話を聞くことになるからです。

でも、「目的地は駅から見て北に5分くらい歩いたところ」という〈ゴール〉を先に示した場合はどうでしょうか。

聞くほうはそのゴールを踏まえて頭の中で自分なりの地図を広げ、そこに情報を書き込むように整理しながら聞くことができるはずです。

そして次に、目的地に着くまでの通過点として、カフェやスーパー、歩道橋などを〈ポイント〉として具体的に挙げておけば、その目印が聞き手の地図に刻まれます。

最後に、カフェまでは駅を右に曲がって50メートルくらい歩く、そのカフェのある角を左に曲がったら次はそのスーパーまで300メートルくらい歩く、などと、それぞれのポイントまでの行き方、つまり〈詳しい道順〉を説明すれば、聞き手はすんなりと理解できます。

つまり話をする場合でも、ゴール（結論）↓ポイント（もしくは理由）↓詳細の順で話せば、聞き手は大まかな話の流れが分かった上で情報をインプットしていくため、詳細からの積み上げ式より格段に話が伝わりやすくなるのです。

また、最後にもう一度結論を伝えることを〈結論のサンドイッチ〉と言います。最も大事なメッセージである結論が最初に出てきてしまうと、時間の経過とともにその記憶が薄れてしまうので、最後にもう一度伝えることでさらに強く印象づけることができます。

このようなロジカルスピーチは対面コミュニケーションにおいても非常に有効な方法ですが、短い時間で必要な情報を正確に伝える必要のあるオンラインにおいてはさらに重要性が増すテクニックだと言えるでしょう。

実践！ オンライントレーニング

お題を設定して、話すポイントをロジカルボックスに当てはめてみましょう。

お題の例

●自社のサービス、商品の魅力と特徴、自分の性格、趣味、特技……

（お題について話したい内容を3つまでにまとめて話してみましょう）

誤解を防ぐ話し方はオンラインの鉄則

表情が伝わりづらく、相手の気持ちが読み取りにくいのは、オンラインコミュニケーションの弱点です。

対面でも、抽象的で曖昧なやりとりをしていると、お互いの認識がまるっきり変わってしまう危険はありますが、オンラインの場合はそのリスクがさらに高まります。

なぜなら、対面であれば、すべてを言葉で説明しなくても〈あうんの呼吸〉に代表される、その場の雰囲気を読んだコミュニケーションが成り立ちますが、オンラインではそれを期待することはできません。**オンラインコミュニケーションでは自分の意志や伝えるべき情報は、言葉にして具体的に伝えないと相手は汲み取ってくれない**のです。

誤解を防ぎ、できるだけ自分の伝えたいことを正確に認識してもらうためにはどのような話し方が大切なのでしょうか?

実は、アナウンサーの話し方には、情報を正確に、間違ったイメージを抱かせないようにする工夫があります。例えば、〈こそあど言葉〉の多用を避け、明確な説明を心がけたり、抽象的な形容詞（たくさん、とても、すごく）を使う代わりに数字を使ったり、具体的な描写をするなどしてできるだけ情報を正確に伝えているのです。また、主観が含まれるような表現（驚くほど、信じられないような、絶対に）といった表現も、聞き手に一定の印象を与えてしまうことからできるだけ避けています。同じ理由でネガティブな印象を一方的に与えるような表現（最悪の、絶望的な、どうせ、～なんか……）も特別な理由がない限りは使わないように心がけています。そのような表現を避ける代わりに、情報をできるだけ詳しく、ありのまま伝えることで、認識のギャップを最小限に抑えることができるからです。

また、時間が限られることが多いオンラインでは、脱線も最小限に抑えましょう。スモールトークが好きな人は、つい話が横道に逸れてしまい、肝心な話ができないまま会議が終わってしまうということもあるのではないでしょうか？

そういう場合は、今進行している話題に集中し、その話題の行方を常に意識しておきましょう。話したい話題が見つかったとしても、その話を始めるのは、今の話題の結論が出たあとにしてください。

また、メモを取り、後で質問したいこと、思いついた意見などを書きながら話に参加すると、流れを変えずに自分の言いたいことを伝えることができます。

このように今話し合うべきことが何なのかを忘れないように意識できていれば、仮に脱線したとしても、軌道修正し元の話題に戻ってくることができます。

もちろん、脱線した話題がアイスブレイク的な役割を果たすこともあるので、オンライン会議の進行具合を考えて、時間に余裕がある場合はエッセンスとして利用するのも手です。

オンラインで正確に指示を与える、情報を伝える

第1章で紹介したテレワークの課題の中に、「指示ややりとりに支障がある」という声がありました。上司からすると、日ごろの部下の様子がわかりにくくなっている上に、オンライン上やメールといった情報量が制限される中で指示を与え、正確に仕事を履行してもらうのは難しいことなのかもしれません。

オンライン上であっても対面であっても、人に何かを指示する場合には、指示の意図を明確に伝えることが必須です。

マーケティングコンサルタントのサイモン・シネック氏は、2009年に〈ゴール

ゴールデンサークル

サイモン・シネック氏が提唱する「本質を見極めるリーダーの思考力」

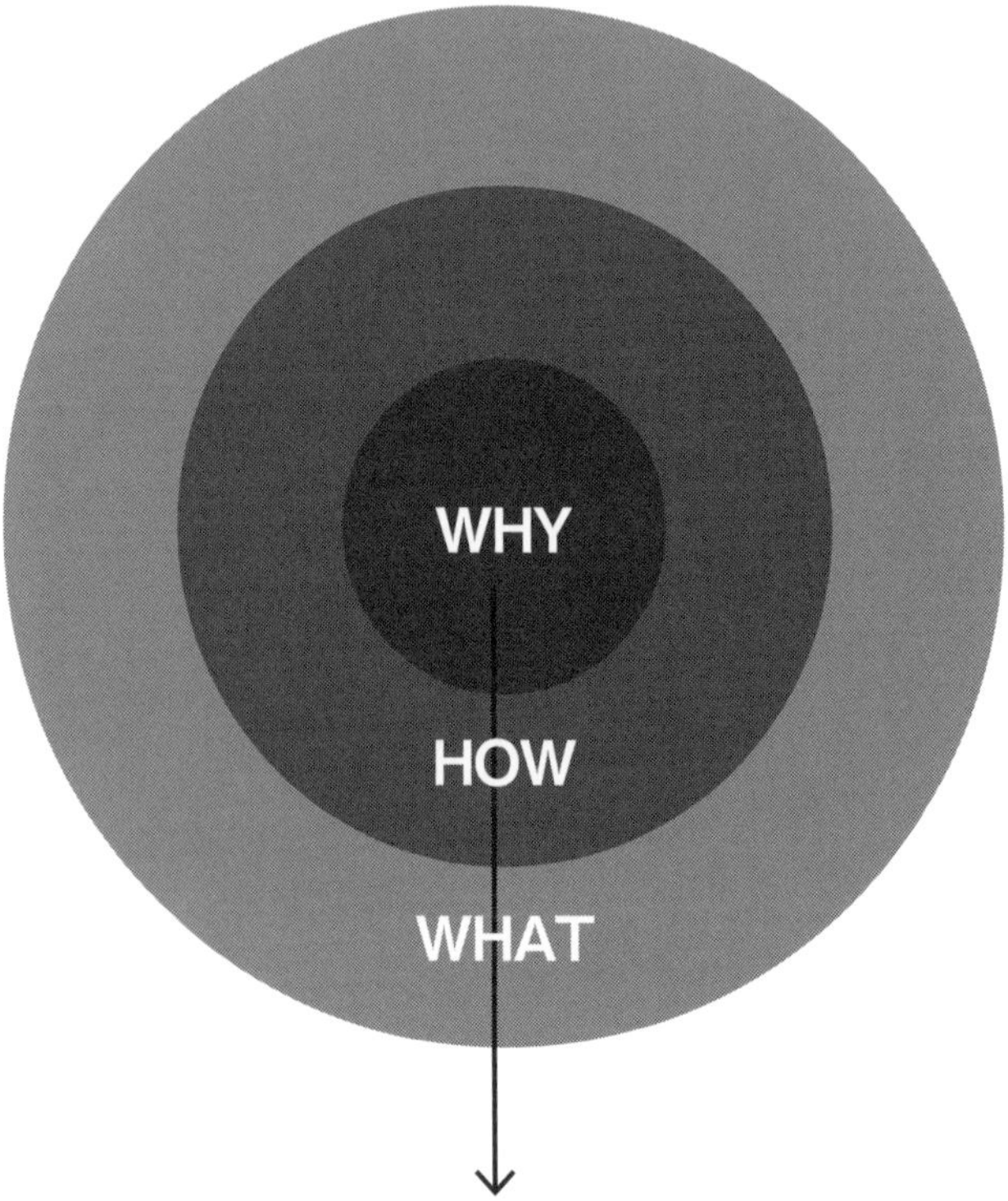

①WHY なぜ・何のために ▶ ②HOW どうやって ▶ ③WHAT 何を

デンサークル理論〉を提唱し、「人の心をつかみ、行動を起こさせるには、HOWやWHAT以外に、WHYという話し手の意図が聞き手に伝わることが重要だ」と説明しています。

指示を出す場合の意図、つまり、WHYとは、「なぜその仕事が求められるのか」ということです。これは聞き手側からいえば、「なぜ自分はその仕事をするのか」といったことにあたります。

例えば、子どもにお使いを頼む場合をイメージしてください。

「ニンジンとジャガイモとタマネギ、それから肉も買ってきてね。あと、ケーキを3つ買ってきて」

このように、「WHAT」や「HOW」だけを伝えて、頼むこともできますが、同じことを「WHY」をゴールとして伝えるなら、次のような言い方になります。

「今日はお父さんの誕生日でしょ？　お父さんの好きなカレーを作りましょう。カレー粉以外家に何もないから、ニンジンとジャガイモとタマネギ、肉も買ってきてね。ケーキがあれば、あなたと、お父さんとお母さんの３人分買ってきて。種類は何でもいいわ」

一見、後の文章のほうが長く覚えにくいように感じるかもしれません。

でも聞き手にとってはその逆で、買うものだけを羅列して指示されるより、なぜそれを買うのか？　を理解しているほうが詳細を覚えやすくなります。メモをせずに買い物に出かけたとしても「カレーを作る」というＷＨＹがわかっていれば、何を買えば良いかはだいたい想像できるはずです。買い物しているうちに、頼まれたもののうちの何か一つをふと忘れてしまった場合、「何を買ってくるか」だけを伝えられた子どもはそれが何だったかなかなか思い出せません。けれども「カレーを作る」というＷＨＹを理解していた子なら「そうだ！　カレーには肉が必要だ！」とすぐに思い出せるはずです。つまりＷＨＹを示すこの伝え方は聞き手が覚えやすく、かつ思い出してもらいやすくなる伝え方なのです。

また、そもそも頼む側が肉を頼み忘れた場合でも、「カレーを作る」というWHYがわかっていれば、「あれ？　お母さんはカレーを作ると言っていたのに肉は必要ないのかな？」という疑問も生まれやすくなります。そうすれば確認の電話をかけてきたり、気を利かせて念のため肉を買ってきてくれる可能性も高まるでしょう。そういう意味でWHYを示すこの伝え方は、聞き手の自主性を促す伝え方であるとも言えます。

このように、話し手の意図まで丁寧に伝えることには**「話し手が伝えきれなかった詳細を相手が汲み取りやすい」「自主的にフォローしやすい」というメリット**があるのです。

時間が限られたオンライン上で、指示の内容を正確に理解してもらうため、そして意図した通りに動いてもらうためには、聞き手と認識を共にすることがさらに重要になります。だからこそ、WHYがカギとなるのです。

また、会議などの場合も、会議を行う目的、WHYをきちんと示すことで、メンバーの参加意識が高まり、自主的な意見が出やすくなったり、良いアイデアも生まれやすくなります。これはオンライン会議に限ったことではありません。

対面でもそしてオンラインでも、指示した通りに相手が動いてくれない、会議中にメンバーから活発な意見が出てこない、という悩みを抱えている方は、その目的であるＷＨＹを明確に示せているかどうか、一度振り返ってみることも大切だと思います。

実践！　オンライントレーニング

部下に以下のような指示をする場合、どのように伝えればよいでしょうか。状況を踏まえ、ステップに沿って考えてください。

「来月開催されるオンライン研修参加希望者を募って、再来週の月曜までに名簿を作ってほしい」

（状況）

開催自体は決定されていて、希望者が少なくても決行しなければならないが、できればそれぞれの部署から最低10人は参加してほしい。ただ、在宅勤務中でスタッフの勤務時間が不規則な上、業務量も多く、研修に参加してくれる社員がどのくらいいるか不安。

今後のオンライン会議やオンライン営業の際に必要になってくるスキルなので、できれば多く参加してほしいところ。

STEP1：指示の目的（ゴール）や伝え手の意図〈WHY〉は何か？

STEP2：ゴールを達成するためのやり方〈HOW〉は何か？

STEP3：具体的にやってほしい作業〈WHAT〉は何か？

あなたなら、どのように指示を出しますか？

（回答例）

来月のオンライン研修にできるだけ多くの参加者を募ってほしい。〈ＷＨＹ〉

それぞれの部署から10名は参加してほしいので、在宅で時間が不規則な上、業務量も多く忙しいだろうが、今後のオンライン会議や、オンライン営業に必要なスキルであるという重要性を伝えてほしい。〈ＨＯＷ〉

来週の月曜までに、参加者の名簿を作成して提出してほしい。〈ＷＨＡＴ〉

プレゼンでは視覚的要素と聴覚的要素の相乗効果を狙う

アナウンサーはテレビで何かを伝える際に、視覚的要素をいつも意識しています。例えばニュース映像の上に音声をのせるとき、どんなタイミングでコメントすると映像が活きるかを考えたり、フリップや画面を手で指し示す時に、どの文字をどんなスピードで指し示すのが効果的かを考えています。バラエティ番組などでは、カメラが今誰を、どこを映しているのか常に意識しながら、次の進行を考えていたりします。

なぜなら、アナウンサーには自分の話は主役ではなく、あくまで映像を補うものであるという意識があるからです。例えば、テレビの映像だけでは伝わらない味や香り、手触りといったことをコメントで補ったり、映像がより魅力的に見えるようなコメントをのせたりするのも同じ理由からで、視覚と聴覚の与える効果を相乗的に利用しているのです。

ところが、企業のプレゼンや商談では、そういったことがあまり意識されていません。長い文章が羅列されているだけのスライドを延々と読み上げたり、逆に写真だけのスライドや短い言葉だけが書かれたスライドを投影して、それなりにインパクトを与えているにもかかわらず、それを活かす言葉がのせられずに、効果が半減しているケースも見られます。つまり、視覚や聴覚が聞き手に与える影響をうまく活用できていないのです。

オンラインでのプレゼンや商談は、画面上での資料の共有が必須となるため、**どれだけ魅力的な資料（視覚的要素）を作成できるか、また、そこに足りない情報を補完する音声情報（コメント）を加えられるかが、成功のカギに**なります。

画面の向こうのクライアントに、ハワイにある不動産の購入を勧めているという場面を例に考えてみましょう。

よくあるのが、121ページに示したような、字がぎっしり書かれた資料を画面上で共有し、その内容を上から順に読んでいく、というパターンです。

これだと、画面の向こうのクライアントは、文字を読むことに集中してしまうか、場合によっては読むことすら諦めてしまいます。

もちろん充実した資料によって、商品やサービスの概要を相手に理解させることも

✕ NG

ハワイの魅力

① 治安の良さ、日中ショッピングを楽しみながら独り歩きが可能。日本語も通じやすく、アメリカ本土より日本人にとって住みやすい。

② 年間151万人の日本人が旅行で訪れるハワイ。ご自身が滞在しない期間を「短期宿泊施設」として貸し出す賃貸運用も可能。

③ オアフ島の89%が米軍基地の公有地のため安定した土地。人気から考えても資産価値が高い。

④ 安定性の高いドル資産としての保有も一案。

一つの手ではありますが、せっかくオンラインでつながっているのですから、後で送付すればわかるような情報をそのまま読み上げるよりは、聞き手に興味をもってもらい、さらに詳細な資料を読んでみたいと思わせるやり取りをするほうが商談を成功に導く可能性は高いでしょう。

営業やプレゼンのゴールは商品やサービスの情報を理解させることではありません。あくまで、買ってもらうことです。このプレゼンの場合も、重要なのは、ハワイの魅力を伝えること自体ではなく、その魅力を印象づけ、不動産を手に入れたいと思わせることなのです。

「買ってもらう」というゴールを目指すのであれば、資料には、聞き手が読み取れるだけの情報量しか掲載してはいけません。

例えば、テレビ番組の映像にのせる字幕スーパーは、表示する時間内で最低でも3回読める文章量が基準だと言われています。最近は、演出上、バラエティ番組など特に字幕スーパーの量が増えている傾向にあり、そのルールに必ずしも当てはまらなくなっていますが、基本的には、文字量が多すぎると視聴者は情報を読み取れません。

であれば、読み取ってもらえない文字を表示するのは無意味ですし、むしろ「文字が多いなあ」と思わせるだけ逆効果だとも言えます。

プレゼンなどの資料の場合もこれと同じで、聞き手が文字を読むことに必死になってしまうと、最も効果的に情報を伝える視覚的要素を見る余裕がなくなります。つまり、映像や画像から何かを感じることができなくなってしまうのです。聞き手の心を動かすようなプレゼンを目指すのであれば文字量は最低限に抑え、無理なく読んでもらえる量にすることが肝要です。

コメントは「映像を活かすもの」に限定する

資料だけでは足りない要素を補完するのがコメント（聴覚情報）です。

人間というのは、聴覚情報より視覚情報、とりわけ映像からのほうがより直接的に情報を得やすいと言われています。つまり、必要な情報を効果的に提供するには、映像の力を最大限に活かすようなコメントをつけ、その内容をさらに印象づけるのが理想的な形なのです。

では、画像や映像を活かすコメントとは具体的にどのようなものなのでしょうか？アナウンサーは自分のコメントによって映像を邪魔することがないようにいつも気を配っています。映像に合わないコメントはもちろんのこと、必要以上にコメント量を多くして映像の力を潰すことのないよう気をつけています。

オンライン営業やオンラインプレゼンなどの場合もこれと同じで、すべてを自分の言葉で説明しようと躍起になるより、**「文字情報は映像を活かすものに限定し、足りない要素を聴覚情報で補完する」というスタンス**でいるほうが、無理なく相手の心を動かすことができると考えて良いでしょう。

１２５ページの資料を見てください。

〇 OK

端的でインパクトがある言葉
画像を活かすコメント

文字情報＝話の要素のみ
詳細はコメントでフォロー

最初にパッと目に飛び込んでくるのは、文字ではなく画像です。端的でインパクトのあるコメントは、あくまでも画像を活かすためのものに限定しています。確かに、情報量的には物足りないかもしれませんが、まずここで大事なのは、相手の目を画像に惹きつけ、「あ、ハワイっていいいな」という気持ちを抱かせることなのです。

この画像にコメントをのせます。ただしコメントは画像をさらに効果的に、印象的にするための、視覚情報を補足する情報、でなければいけません。

画像を印象付けるコメントを考える際のポイントは、「相手がこの画像を見てどう感じるか」という想像力を働かせることです。つまり、「どういう気持ちになるか」「さらに何を知りたくなるか」というふうに相手の感情を読み、その感情を盛り上げたり、浮かんでくる疑問や不安を解消するようなコメントを言えばいいのです。

感情を盛り上げるコメントなら、

「ハワイの景色って、気持ちがすーっと解放されるように感じますよね」

「このビーチで過ごす休日は最高だと思いませんか?」

などになるでしょう。

また、不動産を買う際に浮かびそうな疑問や不安を想像し、治安の良さや犯罪率の低さ、賃貸運用の利益、資産価値など、具体的な数字をあげて補足するのも効果的です。ここでもついその情報をスライドに書き込みたくなるかもしれませんが、125ページの例のようにポイントだけを書きます。

先ほどお話ししたように、聞き手に多くの文字を読ませることは、一方で、画像のインパクトを損なうことがあります。

特に、聞き手が飽きてしまいやすいオンラインでは、できるだけ文字情報をシンプルにし、聞き手の心をつかむことを重視した資料のほうが効果的といえるでしょう。

第4章

オンライン
コミュニケーションに
必要な〈対応力〉

ここまでお話しした〈印象力〉や〈伝達力〉は、主に、発信する際のテクニックでした。

コミュニケーションというと「上手く伝える」ということに主軸が置かれがちなのですが、実際は双方向のものですから、相手にうまく伝えるスキルだけでは、真のコミュニケーション力とは言えません。〈印象力〉〈伝達力〉だけでなく、相手の気持ちを汲み取ったり、意見を引き出すというスキルも必要です。

とりわけ、心理的距離が生まれがちなオンラインにおいては、相手と距離を縮め、気持ちを引き出す傾聴力、共感力、コミュニケーション量が減ることで生じる誤解や認識の差を埋める質問力などが必要になります。また、オンライン会議などでは、会議の目的を達成しつつスムーズに進行したり、参加者の意見をまとめたりといったファシリテーションスキルも持っておくほうが有利になります。

この章では、オンラインコミュニケーションにおける、そのような〈対応力〉を身につけるためのテクニックを学んでいきましょう。

オンライン会議ではファシリテーションスキルが求められる

企業がテレワークを推進するうえで特に重要な位置づけとなるのが、オンライン会議やオンライン商談（営業）です。

ただ、まだまだ不慣れであることも手伝って、オンラインだと対面よりスムーズに進行できない、まとまらないまま時間切れになる、積極的な意見が出ない、メンバーの反応がわかりづらく不安を残したまま終わってしまう、といったお悩みの声はあちこちで聞かれます。

そのような問題を解決するため、オンライン会議に特化したファシリテーター（会議を成功させるための指南役）の育成に力を入れている企業も多く見られますが、そのようなトレーニングを受けていない人も、それ相応の役割を担う必要が生じるケースは今後増えていくと思われます。特に、取引先とのオンラインミーティングや商談では、時間内に必ず一定の成果をあげなければならないため、**会をスムーズに進行し、成果に着地させるファシリテーションスキルはオンラインには欠かせません。**早い段階で、オンラインコミュニケーションに必要な〈対応力〉を身につけておけば、結果を求められるオンライン会議やオンライン商談でも、ファシリテーターとしての重要な役割を担うことができるようになるはずです。

ではさっそく、理想的な会議の流れに沿って、いつ、どのようにどんな〈対応力〉を発揮すればよいか、あなた自身が、会をスムーズに進行する役を担うケースを想定し、そのためのテクニックについてお話ししましょう。

オンライン会議の冒頭で行いたいのが、メンバー紹介です。

海外であれば、進行役となる人が最初にその会議の参加メンバーを紹介してから議題に移るというのもよく見られる光景ですが、多くの日本企業にはあまり馴染みのない習慣かもしれません。

ただ、オンライン会議の場合は、どんな参加者がいるのかが把握しづらかったり、中にはカメラをオフしている参加者がいたりするので、メンバー紹介をしておくほうが、その後の進行もスムーズになります。

実際の話し合いに移る前に、会議の目的（ゴール）や議題の伝達を行うこともとても大切です。「今日のゴールは何か」「自分に求められる役割は何なのか」がわからないまま参加する会議は、参加者の意欲も喚起されません。また、参加メンバーがバラバラの方向に進み出してしまい、なんの結論も出せないまま終わってしまったり、まったく関係のないゴールにたどり着いてしまう危険もあります。ゴールが示されない会議は、ゴールを示さず目的地までたどり着こうとすることに似ていて、ひとつ道を間違えば時間がかかりすぎたり、違ったゴールにたどり着いてしまいます。目的地まで最短で正確にたどり着くには、そのための地図が必要なのです。

会議の流れを共有する地図〈OARR（オール）〉

オンライン会議進行の地図となるのが、OARR（オール）です。

OARRとは、グローブコンサルタンツであるディビット・シベッツが開発した、会議の方向性を明確に定義・共有するためのフレームワークです。

フレームを構成する、**Outcome（成果・ゴール）**、**Agenda（議題・スケジュール）**、**Role（役割）**、**Rule（約束）**の頭文字を取り、また、全員がオールを使って航海するイメージから、「OARR《オール》」と呼ばれています。

まずはOutcome、つまり、その会議が目指す成果やゴールを言語化して相手と共有します。

例えば、会議の最終的なゴール、「新商品Aの発売日に向けたプロモーション計画を具体化する」といったことがそれにあたります。これを伝えることで、参加者全員

【OARR】《オール》

Outcome
成果・ゴール

▼

Agenda
議題・スケジュール

▼

Role
役割

▼

Rule
約束

がその会議の目的を共有することができます。

次に、そのために議論すべき課題、つまりAgendaの伝達です。「予算をどう配分するか」「どの媒体に重点を置くか」「プロモーションのテーマを何にするか」といった、話し合っておくべき議題がそれにあたります。この議題に何分、すべての議論の時間は何分、というふうに、おおまかなスケジュールも合わせて伝えておけば、参加者は会議の進行のイメージをつかみやすくなります。

次がRole、つまり会議において、それぞれの参加者に期待する役割です。役割は、会議の主催者側、参加者側の双方にあり、それをすべて言語化して共有します。例えば、「予算の判断については●●部のAさんとBさん」「媒体特性の情報提供は●●チームのCさんとDさん」「プロモーションテーマの提案は外部ブレーンのEさん」というように、期待する役割をはっきりさせておくことが大事なのです。

対面の会議の場合は、目くばせやジェスチャーでなんとなく「あれやっといてね」ということを伝えたり、流れや雰囲気で誰がその議題を引っ張るべきなのかがなんとなくわかるということもあるかもしれません。しかし、オンラインの場合はそのような暗黙の了解や以心伝心は通用しません。対面の時のように、何となく誰かがやってくれるのではと、役割分担をあいまいにしておくと、結局誰もやらなかったということにもなりかねません。

一方で会議の冒頭で、それぞれが果たすべき役割を言語化して全員でシェアしておけば、自分はこの会議で何を考えるべきなのか、どういう発言をするべきなのか、というように、参加者がそれぞれに自分なりのプランをもつことができるので、議論はスムーズに進みます。また、他の人がどんな仕事を担っているのかもわかるため連携がとりやすくなるというのも大きなメリットです。

相手が取引先などの場合は、お願いしたい役割を伝えることを躊躇したり、相手がこちらの意図を汲み取ってくれるのを待つ、ということが往々にして起こります。けれども、オンライン上のコミュニケーションの場合は、時間も限られているので、対面よりもロジカルに会が進行しても違和感はありません。その特性を良い方向に利用し、「御社にお願いしたい役割はこれです」というような率直な要望も、言語化して伝えましょう。そのおかげで、対面よりむしろ会議がスムーズに進むということも十分あり得ます。

最後のRuleとは文字通り、その会議の約束事です。

例えば、「予算内の提案しかしない」「過去に実施したプロモーションは候補から外す」「必ずデータに基づいた提案をする」「ひとりの発言は2分以内」といったルールを決めて、先方にそれをあらかじめ伝えておけば、効率的で質の良い議論ができます。

また、オンラインの場合は「あうん」の呼吸が通じないことを踏まえ、

「『伝わっているつもり』にならず、明確にできる5W1Hなどの要素をきちんと伝える」

「イメージの相違がないよう、抽象的な言い方は避け、具体的に伝える」

といったことも、確認し合っておくと良いでしょう。

さらに、

「他の人の話に切り込む時は自分の名前を言い、許可を取ってから話す」

「切り込む時は、相手の気持ちにも配慮する（アサーティブな主張をする）」

「建設的な意見を心がける」

OARRのステップ例

O 成果・ゴール

今日の会議では
御社の課題を明確化し、それに対し、
当社が提供できるソリューションについて
ご提案します。

▼

A 議題・スケジュール

アジェンダは、
1　現状把握　　4　当社提案
2　原因の分析　5　質疑応答
3　対策の検討
となります。

▼

R 役割

双方の役割は、
御社
・直近3カ月の売上と前年同月の売上のご報告
・これまでの施策、課題、改善目標など
当社
・ヒアリング、状況整理、対策検討、ご提案
です。

▼

R 約束

会議中は、
・自分の名前を言ってから話す
・一人の発言時間は●分まで
・必ずデータに基づいて話す
・建設的に議論する

などの、オンライン上のマナーとしてのルールを明確にしておくことも、基本的ではありますが有効な場合があります。

というのも、相手の気持ちが読みづらく、心理的距離も生まれやすいオンラインの場合、どうしても、相手への配慮という意識が抜け落ちやすくなるからです。あらかじめルールとして定めておけばそのような意識も働くので会議がより建設的に進むでしょう。

参加者の意見をまとめる ファシリテーションのポイント

会議の方向性が共有できたところで、いよいよAgendaに沿って、会議を進めていきます。

会議だけでなく、営業やプレゼンもそうなのですが、対面とちがって相手の反応が確認しづらいオンラインでは、決まった人だけが一方的に発言するというのはあまり好ましくありません。課題を整理しながら、参加者の意見を引き出し、すべての参加者とともに解決策を見出せるようなファシリテーションが重要です。

参加者たちの意見を促すための方法としては、他の人にも誰が発言しているかわかるように名前で呼びかけながら、万遍なく発言の機会や質問をふること、オンライン上のチャット機能や投票機能を使って意見を集計すること、などの方法があります。

また、会の進行では、結論と同じくらい〈過程〉も大切です。

アナウンサーが番組の司会をする時も、番組には前もってある程度の原稿がありま す。ニュース番組のようにほぼ流れもコメントも決まっているものもありますが、バラエティや情報番組の場合は、タレントさんの言動を拾ったり、その場の雰囲気を活かしながら番組本来の流れを損なわずに進行しなければなりません。

自由度が高ければ高いほど、司会者としての力量が問われます。大きく脱線することなく、その場の流れを活かしながらうまく進行するセンスというのは、もちろん経験もありますが、ある種の観察力、洞察力といった直観が働くかどうかも大きいと思います。周りの状況に目を配り、今流れがどうなっているのか常に意識して臨機応変に対応するという意味では、会議のファシリテーションに求められる力もこれと似ていると思うのです。

特にオンライン会議の場合は、賛成のムードが流れているのか、反対のムードが流れているのかさえ、よくわからないこともあります。そんな時、ファシリテーターとしては、言語化された情報だけでなく、言葉にならない〈雰囲気〉をつかむことも大切です。例えば、「Aさんはそれでいいと言っていたが、なんとなく本音ではない気がした」という言語化されていない情報も、すべて書き留めておきます。なぜなら、そういった漠然とした要素を入れると結論自体が変わってくる可能性もあるからです。言葉だけを情報として受け取れば、「Aさんは賛成だ」となりますが、〈雰囲気〉も含めて考慮した場合、「Aさんは『それでいい』と言っていたが、実際はいやいや賛成した感じだった」となり、結果が大きく変わってきます。

時間的な制限もあるので、要素を拾うといっても限りがあるとは思いますが、言葉や最終的な結論だけではなく、その〈過程〉を考慮していくことは重要です。なぜなら、ファシリテーターが担うのは、**単なる進行役や、強引に会をまとめる役目ではなく、会の参加者全員が納得する結果や会が目指す最大の成果を引き出すことだから**です。

表情の変化なども見えにくいオンラインでは、対面の時よりも観察力が必要になります。表情だけでなく、声のトーンや口数の多少などに注目することで、気持ちの変化はつかみやすくなるでしょう。

ロジカルなヒアリングで誤解や認識のズレを防ぐ

オンライン会議においては、限られたやり取りの中でお互いの認識を合わせる努力をし、コミュニケーションミスを防がなければいけません。

そこで欠かせないのが、相手の意図を正確に引き出す傾聴力、〈ロジカルヒアリング〉のスキルです。

ロジカルに聞くというのは、論理的に必要な要素を引き出すということです。

そもそも相手の話を聞く場合、何を聞き取れば十分と言えるでしょうか?

多くの人は、「相手が話すことをもらさずに聞くこと」と誤解していますが、それでは、相手が言いたいことを的確に言語化できていない場合には、相手の意図はあなたに伝わらないということになります。

言い換えるならロジカルヒアリングとは、受け身ではなく能動的に、相手の話を引き出す、ということです。聞き出すべき要素をもれなく、**一つ一つ相手の意図と自分の認識がずれていないか確認しながら聞き取るヒアリング**であると言えるでしょう。

例えば、お客様から

「納期はできるだけ早く、できれば2週間以内にお願いしたい」

と言われたとしましょう。

お客様の言葉をそのままヒアリングした場合は、

「2週間以内の納品の場合、特別料金がかかってしまいますが大丈夫ですか?」

「それなら、倉庫に在庫のある旧モデルになりますが、いいですか?」

「すぐに納品が可能かどうか、帰社後に確認してからお返事してもよろしいでしょうか?」

のような返答になりがちです。

でも、ロジカルにヒアリングするのであれば、ロジカルに伝える時と同様、〈WHY〉を先に聞いておく必要があります。

「わかりました。まずは、お急ぎの理由をお聞かせいただけますか?」

この質問をしなければ、お客様の言葉の真意を汲み取ることができません。

もしかしたら、「良い商品なので、できるだけ早く導入したいと思って」という回答かもしれませんし、「3週間後に商品を使用する予定があり、その前に使いこなせるように準備しておきたい」という回答かもしれません。この2パターンでも、お客様の「急いでいる」というニュアンスは随分違っています。

いずれにせよ、真意を汲み取ることができれば、提案の選択肢が広がりますし、お客様の意図に沿う最良の策を検討することもできます。

前者のヒアリングのように、「2週間以内の納品」という要望に対して、HOW（どうやって）やWHAT（何）を聞き取る前に、〈WHY〉、つまり「なぜ」という核心を聞き取ることからスタートすると、お互いの認識のズレが広がっていくのを極力小さく抑えられます。もちろん、それをベースに、HOWやWHATといった詳細をしっかりと聞き取ることを忘れてはいけません。

特にオンラインではやりとりできる情報が少ないぶん、**ちょっとした行き違いから思ってもいない方向にあっという間にぐんぐん進んでいってしまいます。**また、スタートで双方の認識が違っていれば、その先も認識のズレはどんどん大きくなっていってしまうこともあります。ＷＨＹを共有しつつ話し合いを進めるからこそ、ＨＯＷやＷＨＡＴの議論の質も高まるとも言えるでしょう。

このロジカルヒアリングのテクニックは、オンライン会議中だけでなく、対面でも、クライアントの意向を聞く場面でも、１対１の面談でも、そして夫婦や親子の会話でも、とにかくあらゆるヒアリングの場面で役に立ちますので、ぜひ、身につけていただきたいと思います。

実践！　オンライントレーニング

ロジカルヒアリングの練習をしてみましょう。

あなたが部下に「半期の自己目標」をヒアリングするシーンを想定して考えてみましょう。

1　WHAT…何をすることが目標か

2　HOW……どのように実現するのか
3　WHY……なぜそれを目標にするのか

現在・過去を踏まえれば課題解決の道筋が見える

さて、会議によっては、課題の抽出から課題解決まで行う必要があるケースもあります。また、営業や商談の場合には、お客様の課題を引き出しながら、課題解決の方法を提示しなければなりません。

オンラインの場合、限られた時間の中で現状の分析からそれにむけて具体的にどう動くのかというところまでをコンパクトにまとめなくてはならないので、さらにファシリテーション力が求められます。

シチュエーション 部下との面談
内容 向こう半期の仕事の目標について

③WHAT

「何をすることが目標か（数値目標や仕事の仕方の改善など）」

②HOW

「どのように実現するのか」

①WHY

「なぜそれを目標にするのか（どうなりたいのか、何のために仕事をするのかなど）」

その際、頭に入れておくと良いのが、ロジカルに、そして効率的に課題解決に向かうためのガイドラインになる、151ページのようなフレームです。これを議事録代わりに使って、記入しながら会を進行するのもおすすめです。

このフレームは、ロジカルスピーチのテクニックのところで紹介したロジックツリーを課題解決という用途に合わせてアレンジしたものです。

最初に結論（ゴール）が置かれるのはロジックツリーと同様ですが、向かって左側を〈現在・過去ゾーン〉、右側を〈未来ゾーン〉とゾーン分けし、〈現在・過去ゾーン〉には現状と原因を、〈未来ゾーン〉には目標と今後の対策を整理します。

まずは現状を探るために、〈現状の詳細〉と〈原因・問題〉を聞き取って記入します。今の状態の把握や、解決すべき問題の原因となるものは、すべて左側の〈現在・過去〉ゾーンに入れておくのです。

一方、右側の〈未来ゾーン〉は左側の〈現在・過去ゾーン〉に対応するようにできています。〈現状の詳細〉に対応するのは〈今後の目標〉、つまり「現在は～だが、今後は～を目標としたい」という関係性になります。〈原因・問題〉に対応するのは

ロジカルに課題解決をする

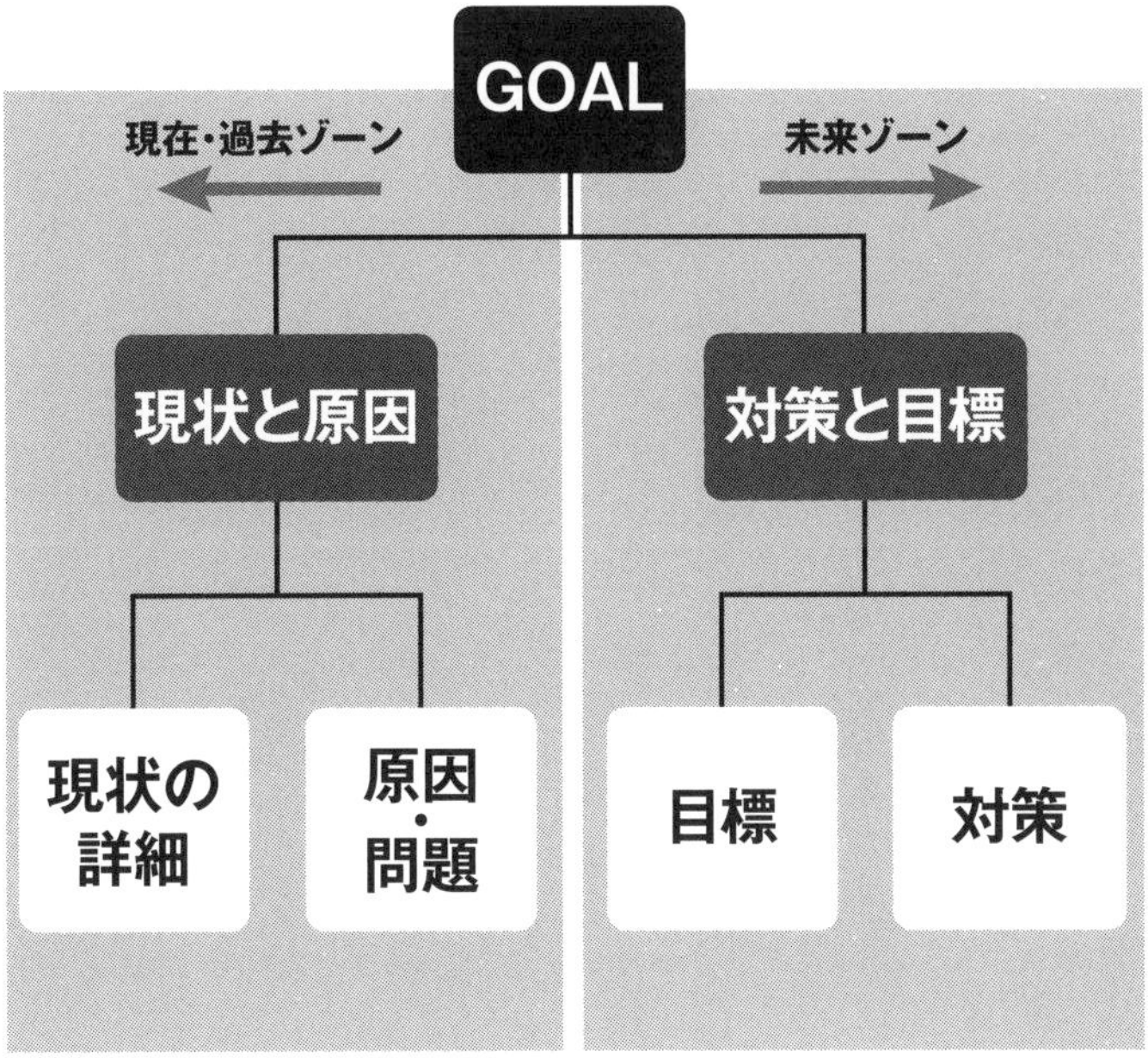

〈対策〉で、「現状に至った理由は〜で、対策は〜」と対応していきます。

こうして右と左に分け、それぞれ整理することで現状と目標、原因と対策の関連性がクリアに、見やすく整理されます。

現在・過去を踏まえて今後を考えれば、おのずと改善点が浮かぶことは誰しも思いつくことではありますが、ロジカルに過不足なく、かつ相手と認識のズレを起こさずに原因や対策を検討していく場合、こうしたフレームに書き込みながら進めていくと、モレもなく、効率的でしょう。

ロジックツリーのフレームで課題解決を図る

それでは、具体的な例に当てはめて考えていきましょう。

１５４ページのフレームを見てください。

あなたは、情報システム部の社員から、社内の新しいウィルス対策ソフトの導入企画の推進について相談を受けました。彼の話によると、社内のすべての部署に従来より質の良い新しいウィルス対策ソフトを導入し、社内の情報セキュリティを強化した上で、作業の生産性を上げる施策を進めることになっています。ただ、現状では、社員の新ウィルスソフトの導入率はいまだ80％程度で、もっと多くの新社員にウィルス対策ソフトの導入を進めなければならないということです。

フレームの項目を順番に見ていきましょう。

この例の場合、結論は、「会社のＰＣの新しいウィルス対策用のソフトを導入し、セキュリティ環境を整えた上で、生産性向上を目指したい」ということです。相談をもってきた相手は、「セキュリティ強化と生産性の向上のために新ウィルスソフトを導入する必要がある」と考えていることがわかります。

問題解決の事例

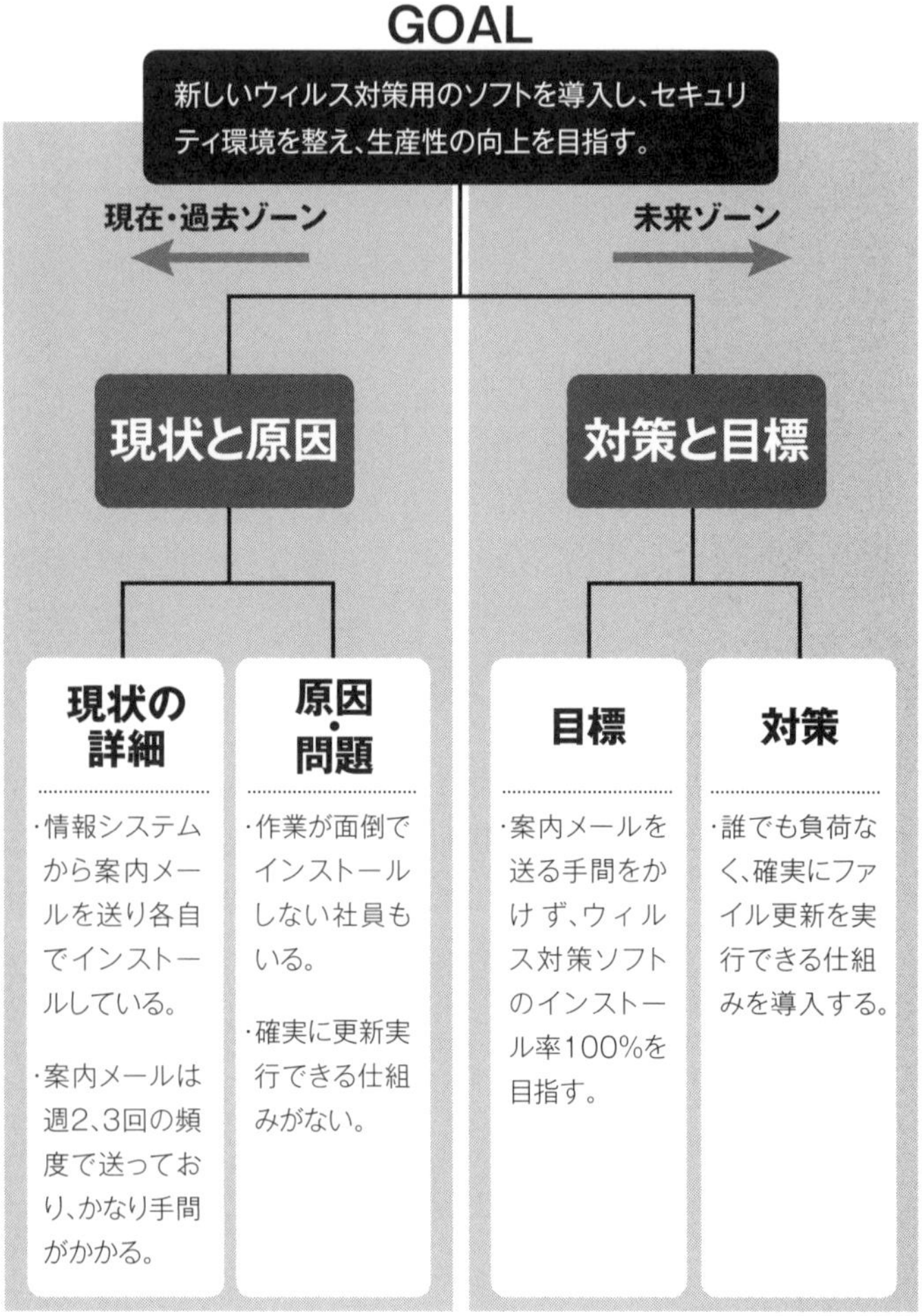
GOAL
新しいウィルス対策用のソフトを導入し、セキュリティ環境を整え、生産性の向上を目指す。
現在・過去ゾーン
未来ゾーン
現状と原因
対策と目標
現状の詳細
・情報システムから案内メールを送り各自でインストールしている。
・案内メールは週2、3回の頻度で送っており、かなり手間がかかる。
原因・問題
・作業が面倒でインストールしない社員もいる。
・確実に更新実行できる仕組みがない。
目標
・案内メールを送る手間をかけず、ウィルス対策ソフトのインストール率100%を目指す。
対策
・誰でも負荷なく、確実にファイル更新を実行できる仕組みを導入する。

次に明確にしたいのが、左側の〈現在・過去ゾーン〉です。

「現状の詳細」として聞き取れたのが、現在新ウィルス対策ソフトに関しては、「情報システムから案内メールを送り社員に各自インストールしてもらっている」「案内メールは週2、3回の頻度で送っている」ということです。インストール率が低いことに関する〈原因・問題〉としては、「作業が面倒でインストールしない社員もいて顧客情報などのセキュリティが心配である」さらには、「確実に更新実行できる仕組みがない」といった別の問題も生じていることなどがヒアリングできています。

ここが明確になると、〈未来ゾーン〉の目標と対策が浮かび上がってきます。

「情報システムから案内メールを送り、社員は各自インストールしているがいまだ80%程度のインストール率」

「案内メールは週2、3回の頻度で送っている」(現状の詳細)

↓

「案内メールを送る手間をかけず、インストール率100%を目指す」(目標)

「作業が面倒だという理由でインストールしない社員もいてセキュリティが心配である」

「確実に更新実行できる仕組みがない」（原因・問題）

↓

「作業を簡単にし、かつ、確実にファイル更新を実行してもらう仕組みを導入する」

（対策）

フレームを基に概ねこのように現状を整理しながら未来の対策へと話を進めていけば、課題を感じている相手と解決方法を探ることができるでしょう。

商談や面談、悩み相談を受けた時など、相手の課題を整理し、一緒に対策を考える際に使えるテクニックなので、ぜひ活用してみてください。

オンライン会議の締めくくりは〈ロジカルなまとめ〉で合意

結論が出て会議はお開き、となるところですが、重要なステップはまだ残っています。

まずは以下のように会議の〈まとめ〉を行います。

✓会議で議論した各項目を端的に**まとめ**、再度伝達する
✓会議での決定事項も再度確認し、確実に**合意形成**を得る
✓議事録をオンライン上で投影するなどして**内容確認**をする
✓会議を受けて決まった**次のアクションを確認**し、次のステップに向け実施する内容や期限、具体的な担当者について決める
✓リクエストがある場合や聞きそびれた質問など**その他の事項をクリア**にする

この確認ができていれば、それぞれの参加者は、会議が終わった瞬間から自分の役割に向けてすぐに動き始めることができます。対面の会議なら、会議室から出たところで直接本人に声をかけて念押しするといったことも可能ですが、オンライン会議の場合にはそれができません。会議が終わる前にしっかりと確認しておく必要があるのです。

そして、別れ際に忘れてはならないのは、参加者たちへの感謝を表すことです。表情を大きめに作るなどして、感謝の言葉や相手への気遣いの言葉といったポジティブな印象で締めくくりましょう。

これで、会議は終了ですが、最後まで気を抜かず、すべての参加者が退出したのを確認してから、退出します。もちろん状況にもよりますが、ファシリテーターの退出は最後であるのが基本的には望ましいと思います。

これらは会議の進行にはあまり関係のない、おまけの話のように思えるかもしれません。

しかし、〈まとめる〉〈つなげる〉〈感謝する〉という段取りをきちんと踏み、**参加**

者たちに好意的なラストインプレッションを残すことは、事務的なやりとりになりやすいオンラインでは決して無視できないテクニックなのです。

このような〈キープインタッチ〉のスキルというのは、次のチャンスを引き寄せるという意味でも重要な、オンラインコミュニケーションにおける〈対応力〉の一つでもあると言えるでしょう。

第5章

オンライン
コミュニケーションの実践

ここまで、オンラインコミュニケーションの基本のテクニックを一通りお話ししてきましたが、この章では、より具体的なシーン別に、オンラインコミュニケーションを活用する方法をご紹介します。

オンライン営業編

お客様にいかにマメに足を使って会いに行くか？　という営業方法から、まずはオンラインでの提案や商談から始めるというスタイルへの変化が起きています。「オンラインが主流になったことでお客様に提案できる回数が増え、受注も倍増した」という企業がある一方で、「オンライン営業に変わったのをきっかけに、対面営業で売っていた営業マンが売れなくなってしまった」という企業もあります。このような差は言うまでもなく、オンラインでの営業力によって生まれるものです。今や、オンライン営業力が売り上げを左右すると言っても過言ではありません。オンラインを活用した営業のテクニックを学んでおきましょう。

オンラインで初対面の顧客に好印象を与えるには？

①確実に好印象を与えるためには、入室前の事前準備を万全にする（54～64ページ参照）。

オンライン営業を成功させている人ほど、事前準備をきっちりと行っています。オンライン上でも印象力をフルに活かせるよう、商談30分前には、下記のチェックポイントに沿って、事前チェックを行いましょう。

□身だしなみ、髪型、アクセサリーはオンラインにふさわしいか（ノイズになるものはカットできているか）

□明るく映っているか（逆光になっていないか、部屋が暗くないか、明るさが足りない場合は卓上ライトなどを使用）

□印象の良い声が届けられるか（有線イヤホンで、事前にサウンドチェックする）

□背景が乱雑になっていないか（大事な商談などでは背景はシンプルに。背景を使う場合、社名ロゴなどのビジネスにふさわしいものであればＯＫ）
□ＰＣのカメラと自分の目線は合っているか（上目遣い、上から見下ろす目線になっていないか、ノートＰＣの場合は下に本など入れて高さ調節）
□必要な資料は揃っているか。共有できる状態になっているか

②お客様が入室されて最初の10秒に細心の注意を払う。

第一声は自分からかけるのが基本です。80％の笑顔で挨拶したあと、営業や商談の機会を作ってくれたことへの感謝の気持ちも具体的に伝えましょう。また、「素敵なバーチャル背景ですね」など、アイスブレイクになるような言葉をなげかけるのも、冒頭で相手との距離をぐっと近づけるためのテクニックの一つです。

オンラインで的確に課題をヒアリングするには？

①事前ヒアリングで商談のポイントを絞る。

時間的制限があり、無駄なく進めなければいけないオンライン会議ではポイントを絞って効率よく商談することが重要です。要望のレベル（今すぐほしい、今はまだ情報収集をしているところ、将来の検討材料の一つなど）、課題、要望、何に興味をもっているのか、などをあらかじめメールや電話でヒアリングしておくとスムーズです。事前ヒアリングしたことは、ヒアリングシートに記入しておき、実際の商談はヒアリングシートに沿って行うと良いでしょう。

②ロジカルヒアリングやロジカルレスポンスを対面以上に意識する。

ヒアリングする際は、質問の意図を明確にして聞くことが大切です。抽象表現（拡大質問）を多くするよりも、できるだけ具体的に（限定質問で）聞き取ることを心がけることで認識の違いや誤解を防ぐことができます。また、オンラインの場合は特に、念には念を入れ、相手が答えたことをロジカルにまとめていき（ロジカルレスポンス）、相違がないか逐一確認することも必須でしょう。151ページで紹介したような現状、原因、目標、対策を整理するフレームを使えば、一つずつ丁寧に課題を整理していくことができます。商談中にシートに記入しながら顧客との相互理解を進めていくと間違いもなく、話もつかみやすくなります。

オンラインで初対面のお客様と信頼関係を築くには？

①お互いの情報を正しく相互に認識してから商談をスタートする。

オンラインで初めて会うお客様であればまず、相互に名前や役職、部署などをきちんと把握してから商談を始めましょう。さらに、名刺の情報は重要な財産なので、オンライン上で名刺交換ができるシステムを活用するのがベスト。もし、どうしてもできない場合は自分の部署、担当、立場を最初に明確に紹介したうえで、相手についての同レベルの情報を聞き出してください。

②商談の中身だけでなく相手の業務内容についても把握する。

商談にばかり意識が集中しがちですが、信頼関係を築くためには商談相手をよく知ることは欠かせません。特に、該当プロジェクトに関してどんな立場にあるのか、どんな役割を任されているのか？　などをヒアリングしていくことは、同じ課題を解決する上で欠かせないステップとなります。

③「短く」「マメな」コミュニケーションを心がける。

オンラインの場合、ファーストコンタクトで長い時間を取り、いきなり信頼関係を築こうとするより、短くて良いので、打ち合わせ回数を重ねるほうが良い結果につながりやすくなります。最終的に、サービスを理解し、共感し、あなたから買いたいと言ってもらえるまでには、少なくとも4〜5回のコンタクトが必要だと考えてください。結果を急がず、徐々に信頼関係のステップをのぼっていくプランを立てましょう。

買う気が高まっていない顧客を買う気にさせるには？

①お客様から小さなYESを得る。

時間に制限があるという焦りもあるせいか、オンラインの場合は特に、最初から商品やサービスの特長を説明することに走ってしまいがちです。一方的な営業トークや自分の主張ばかりを続けるのではなく、主語をお客様にして、焦らず小さなYESを積み重ねていくことを心がけましょう。

小さなYESとは、お客様がこちら側の質問に対し、ポジティブな答えを返すことです。例えば「このようなサービスを導入するのは初めてでしょうか？」、「○○の課題を感じていらっしゃるのですね？」、「今の数字を○○までは上げたいとお考えですか」などの質問を繰り返すことにより、お客様の中で、サービスや商品を買う気持ち、〈YES〉を高めていくことができます。

②お客様への共感を具体的に言葉で伝える。

正確にヒアリングするだけでなく、お客様の要望を受け止め、共感や同意の意思を具体的に言葉で表すことも大切です。オンラインの場合は、こちらのリアクションが伝わりづらいので、対面よりゆっくり、また深くうなずくことを心がけてください（65〜66ページ参照）。自分の要望が理解してもらえたと安心して初めて、お客様は商品やサービスの内容を聞く態勢が整います。

③重要なのは〈その気にさせる〉テクニック。

「買う気がなかったが、つい買ってしまっていた」という経験は誰にでもあるでしょう。その時のことをよく思い出してみれば、それが無理やりに、ではなく自主的に買うようにうまく乗せられていたことに気が付くはずです。「オンライン営業でクロージングまでもっていくのが難しい」という悩みが多く聞かれますが、時間的制限があるオンライン営業だからこそ、丁寧な〈誘導〉が大切です。人が行動を自主的に起こすのは、無理強いされるからではありません。成功する可能性が高いのは、「買ってもいいな」とぼんやり考えているお客様を、「買いたい」という気持ちに誘導する作戦です。例えば、ぼんやりと靴でも見てみようかなあと入ったお店で、「お客様のイメージにぴったりです」などとタイミングよく声をかけられてつい買ってしまったというのはよくある話。お客様が自社のサービスや商品を「つい買いたくなる言葉」とは何かをじっくり考えてみるのも大切でしょう。

また、商品やサービスを購入し、実際に使ったときのイメージを持ってもらうことも、お客様の購入意欲を高めるコツです。商品やサービスは、お客様の課題を解決できそうか？　効果がありそうか？　などを実際にイメージしてもらう方向へ、うまく誘導しましょう。

④うまく運ばない時は「買わない理由」「買えない理由」をヒアリングする。

買う気が固まっていないお客様には、「今買わない理由」「今買えない理由」があります。それを丁寧にヒアリングして、取り除いていくことができれば、状況を変えられるかもしれません。

また、中には「買おうと思えば買えるが、今は買う気分ではない」というハードルもあります。その場合は、「必要になったときに買ってもらう」「必要性をさらに理解してもらう」「その気にさせる言葉であと押しする」などの方法がありますが、サービスや商品の内容や価格、お客様の温度感などを基準にし、どの方法が最適案なのかを見極める必要があります。

スムーズにオンライン商談のアポを取るには？

①お客様にとって有益であることをアピールする。

オンラインでのアポ取りは対面よりもハードルが低いので、対面でのアポ取りが難しいお客様（役職者、決裁権を持った人、多忙な人）にも積極的にアポ取りを行いましょう。

大事なのは、その商談がお客様にとっていかに有益であるかをきちんと伝えることです。お客様の立場に立って、どういう話なら聞いてみたくなるかという視点で考えてみましょう。そもそもお客様がメリットを感じなければ、商談の機会は生まれません。

お客様にとって何が有益な情報であるかを理解していれば、オンライン商談のアポ取りの勝率は格段に上がります。

②最初のオンライン商談で2回目アポ取りまで進める。

初回の商談が実現したら、できればその場で、あまり初回から時間をあけず2回目のアポをとっておくのも大事です。相手にとって負担のない30分程度の時間設定にすれば、アポ取りのハードルは下げられます。繰り返しになりますが、大切なのは、物理的距離があって離れがちになる心理的距離を、会う回数を増やすことでつなぎとめたり、場合によっては対面を上回る親近感を獲得することです。

オンライン商談を経て、次は直接会いたいと思わせるには？

自分の魅力を伝える

オンラインは対面の代替ではありません。商談の機会を得やすい、回数を重ねやすいというオンラインの特長を活かして、「次は対面で会いたい」と思ってもらえるほどに信頼関係を築いて初めて、オンライン力の活用と言えます。そのためには、商品やサービスだけでなく、あなた自身を魅力的に感じてもらわなければなりません。魅力を伝える、というと難しく感じるかもしれませんが、最も大切なのは、お客様の役に立ちたいという素直な気持ち、一生懸命な気持ちを言葉にして伝えることです。例えば、気持ちを伝えるテクニックの一つに、テンションを上げて伝えるテクニックがあります。オンライン上で、「熱意」を伝えたい時は対面と同じテンションではなく、テンション3倍を心がけることが大切です（72～75ページ参照）。

オンライン営業のお悩み

Q 対面の営業ではトップの成績を収めていたのに、オンラインが主流になってから、

まったく成績が振るわなくなってしまいました。対処法を教えてください。

Ⓐ 対面ではうまくいっていたことが、オンラインでうまくいかなくなった原因を考えてみましょう。例えば、主な原因として以下の4つが考えられます。具体的な対処法は、本書の中にありますので、該当の章を参考に、対策を講じてみてください。

①オンラインに慣れていない。苦手意識がある→第1章
②オンラインでお客様といつまでも距離感があり打ち解けられない→第2章
③オンラインでのヒアリング、説明力のスキルがない→第3章
④オンラインでイニシアティブが取れない（クロージングなど）→第4章

Ⓠ 医療関連の営業をしています。アポイントは取れるのですが、「オンライン」という条件がつくことが増えています。商品を直接見せることができないことに大きなデメリットを感じているのですが、良い対策があれば教えてください。

Ⓐ 先方が直接商品を見たり触ったりすることができないオンラインの場合、「百聞は一見にしかず」が成り立ちにくくなります。そこで必要になるのが、聴覚情報のレベルを上げることです。オンライン商談の前に、商品の特徴を言葉でわかりやすく説明するだけでなく、操作手順や、使用しているイメージ、使用感などを具体的に言葉で伝えるトレーニングを重ねてください。テレビのアナウンサーではなくラジオのアナウンサーをイメージすると良いでしょう。

商品の実演自体はオンラインでも可能ですが、同時進行で行うのが難しかったり、PC画面内に収まりきらないというケースは多々あります。そのような場合は、実演だけをVTRにまとめる紹介動画を作るのも良い方法だと思います。

Ⓠ 対面でのセミナービジネスを行ってきましたが、オンラインへの転換を余儀なくされています。聴講者のリアクションが確認しづらいのが最大の悩みなのですが、何か良い対策はありますか？

Ⓐ 微妙な表情の変化などがつかみにくいウェビナー（オンラインでのセミナー）で、

聴講者の理解度を測るには、〈確認取り〉を丁寧に行う意識を持ちましょう。

おすすめなのは、適切なタイミングで、「ここまで皆様おわかりになりましたか？　ＯＫだったら、右手を挙げていただけますか？」「いいねボタンを押していただけますか？」などと声をかけ、わかりやすく意思表示をしてもらうことです。質問の仕方を変えれば、相手の理解度だけでなく、話に乗ってきているか、それとも心が離れているかを確認することもできます。

このような質問を適宜挟むことは、ぼーっと聞いていた人の目を覚まさせたり、質問を振られるかもしれないというほどよい緊張感から、ウェビナーへの参加意識を高めるという効果もあります。

ウェビナーには、リアクションがわかりにくいというデメリットがある一方、質問者の顔を映したり、声をひろったりすることが容易にできるというメリットがあります。それを活かすことで、視聴者の参加意識を対面以上に高めることもできるので、よりアクティブなセミナーを提供することもできるはずです。

部下とのオンラインコミュニケーション編

社内コミュニケーションを促進するために、出勤時より頻繁にオンラインでの個別面談や悩みなどのヒアリングを行っている企業が増えています。直接顔を合わせて会話する時間が物理的に減る中でも組織コミュニケーションを良好に保つためには、リーダーのオンラインコミュニケーションスキルは欠かせません。部下とのコミュニケーション自体に苦手意識を持っている人も少なくありませんが、オンラインは対面より気軽に話せたり、面談の時間を取りやすいというメリットもあります。コツさえつかめば、コミュニケーションの量を増やし質を高めることが可能です。

部下の不満をためないようにするには？

定期的に面談の時間を確保する

何事もなく在宅業務をしているように見えても、日々の声かけや聞き取りを行うことは関係性維持にとても重要です。特別話し合う議題や緊急性を感じなくても、定期的にオンラインでの面談をするようにしましょう。複数人対管理者1人、1対1と内容や必要性に応じて面談を設定し、近況の聞き取りや、仕事で困ったことがないかなどをヒアリングしておくようにすれば、部下の不満が小さいうちから解決に乗り出すことができます。全体会議の後、10分程度該当者に残ってもらい、面談を行うようにすればスケジューリングもスムーズに、かつ定期的に面談を組むことができるのでおすすめです。

特に、普段のメールやオンラインでのコミュニケーションから、何らかの変化を感じた場合は、オンライン面談、必要に応じて対面の面談を持つなどして、なるべく早めに部下の話を聞きましょう。また、日ごろからオンラインでの部下の表情や声色などから心身の状態などを読み取る観察力、洞察力を持つことも重要です。仕事でつながっているから大丈夫、仕事さえ遂行できていれば組織は健全と思いこまず、在宅が主流の場合は、特に部下の心理状況などに対しても、細やかな配慮と早め早めの適切な対処が必要です。

オンライン面談で部下の評価を正しく行うには?

結果だけでなく過程もヒアリングする

リモートワークの場合、部下の細かい仕事ぶりが目で見えにくくなるぶん、オンライン面談では、業務量のチェックだけでなく、そこに至る過程についてもきちんと把握できるようなヒアリングが必要です。また、個人で目標シートなどを作成させている場合は、その項目を常に念頭におきながら、アドバイスや聞き取りを行うと良いでしょう。そうすることで互いに直接顔を合わせることがなくても、部下の努力や成長に応じた正当な評価をすることが可能になります。

部下とのオンラインコミュニケーションをスムーズにするには？

聞く：話すの割合を7：3に

オンライン面談の場合、業務の進行状況や必要事項のやり取りに終始する事務的なものになりがちなので、冒頭で部下自身の近況をさりげなく聞くなどのスモールトークでアイスブレイクを図り、本音で話しやすい雰囲気を作ることが大切です。

また、本音で話しやすいように、部下のペースに合わせ、共感しながら話を聞く姿勢が欠かせません。オンラインでは一方的にどちらかが話しがちになります。上司が話し過ぎてしまうと、部下の話を聞く時間が少なくなってしまいます。聞く：話すを7：3くらいにするよう心がけ、聞く時間を多く確保するようにしてください。

ただし、以前から十分なコミュニケーションを重ねていない場合は、いきなりオンラインで部下のほうから改まって上司に要望を伝えたり、質問するのはとても難しいことなので、上司から困ったことがないかなど、質問を投げかけるほうがうまくいく場合もあります。

また、仕事以外のプライベートのことも順調であるか気にかけておくことで、リモートワークによって見えにくくなる、部下の抱える問題に早期に気づけるようになります。オンラインの気軽さを活かし、こまめにコミュニケーションを図る機会をもち、仕事以外の悩みなどについても部下から話しやすい状況を作るようにしましょう。

部下のモチベーションを維持するためには？

WHAT、HOWだけでなく必ずWHYを伝える

仕事を依頼する場合は、何をやるか、どうやるか？（WHAT、HOW）にとどまらず、なぜ仕事を頼むのか？（WHY）を伝えることで、指示が誤解なく伝えられるだけでなく、使命感を持って仕事をしてもらうことができます（111〜116ページ参照）。

ただし、リモートワークの場合、部下の仕事の過程が見えにくくなるため、オンラ

インで話をする際には、仕事の成果だけでなく、過程についても把握しておき、必要な時にアドバイスしたり、褒められるようにしておくと良いでしょう。

また、物理的に会社を離れていても組織としての一体感をもって仕事をしてもらうためには、会社の理念や使命といった方向性についても話す機会を意識して設けることが大切です。

部下とのオンラインコミュニケーションの悩み

Q オンラインコミュニケーションが主流になったことで部下の気持ちが離れていってしまった気がします。リモートワークになり、部下と顔を合わせることが減ってしまい、部下が自分について来なくなったように感じ、なんとかしなければならないと思いますが、うまくできません。

Ⓐ 部下がついて来ないと感じるのは管理職であれば一度は悩むことではないでしょうか？　オンラインでコミュニケーションを取るようになり、会う機会が減って、さらに強く不安に思われているのでしょう。そんな時は、まず自分の気持ちを部下に伝えることから始めてはどうでしょうか。相手の気持ちがわからないのであれば、自分の気持ちを先に伝えるのです。例えば、「君の仕事にいつも感謝している」「君がいてくれるからチームがうまく回っている」「君には安心して仕事を任せられる」などです。感謝の言葉や相手を褒める言葉は普段はあまり使う機会がありませんが、改めて伝えることで相手の気持ちや行動を変えることができるパワーを持っています。不安に感じたら、まず自分が部下に対して素直になってみてはいかがでしょうか？

Ⓠ 部下のリモートワークの管理に困っています。部下の9割が自宅での仕事が基本です。時々、勤務時間中に仕事以外のことをしてさぼっているのではないかと部下を疑ってしまう自分がいます。生産性は目に見えて下がってはいません。

Ⓐ
部下の仕事ぶりが見えにくく、自主性に任されるという点は、管理職としては心配だと思います。ただ、リモートワークは社員にとっては移動の手間なく、無駄なく時間を使え、満員電車に乗るストレスもない、といった点では快適な仕事の仕方と言えます。また、家族との時間が増えることや空いた時間で自分の好きなことができるというのも、仕事にとって良い影響を与える要素です。通勤しない＝さぼっているという見方をせず、リモートワークで無駄を省いた分だけ、生産性があがる可能性があることにも目を向けてみてはいかがでしょう？　また、部下を疑う気持ちを持っていると、それが言葉にも表れやすくなります。進んで仕事をしてもらいたいのであれば、強制するような言葉は逆効果です。「期待している」「よろしく頼むよ」など、ぜひポジティブな言葉がけを多くしてみてください。

自分の気持ちも相手の行動も、前向きに変えることができるはずです。

オンライン面接編（就活）

オンライン商談なども増える中、オンラインで好印象を与える力がビジネススキルの一つになることは必然です。採用活動においても、すでにほとんどの企業が動画でのエントリーやオンライン面接を取り入れています。コミュニケーションスキルに自信があり、対面で話すのは得意でも、動画やオンラインとなると話は別、という人も多いかもしれません。動画やオンライン面接で自分の魅力を伝えるためのポイントを学んでみましょう。

動画で自己PRを作成する時の注意点は？

会社が求める人材であることを示すエピソードを盛り込む

エントリーシートに書かれた内容と実際に会ってみた印象が異なる受験生も多い、という採用担当者の悩みを解決するのが、近年増えている動画エントリーです。逆に言えば、受験生側は、ビジネスで活かせるような高いヒューマンスキル、コミュニケーションスキルを感じさせる自己PR動画を作らなければならないということでもあります。

自己PR動画は〈その会社で自分が活かせると思う能力〉もしくは〈その会社で活かしてみたい自分の能力〉を本論にします。時間の目安は1分が良いでしょう。

1分の自己PR動画を作るのなら、内容は経験談＋本論を30秒30秒で構成します。つまり、「自分の能力を伝える具体的なエピソード」（経験談）が30秒、「自分の能力をこう活かしたい」（本論）が30秒です。

また、就職活動は言わば、お見合いのようなものなので、互いのニーズを満たせるかが重要です。「大学では○○部キャプテンとして全国大会を目指していました」といった大きな出来事をPRするのはもちろん悪いことではないのですが、もっと大事なのは、あなたがその会社の求める人材としてふさわしいと感じさせることです。これまでの経験を通して、何を得たのか、何が成長したのかという自らをPRするポイントが、会社が求める人材像にあっているかを必ず確認しましょう。むしろ、相手の求めるスキルを得ていることを感じさせるようなエピソードであれば、その大小にこだわる必要はありません。些細な出来事であってもあなたらしさが伝わる経験を自信を持って伝えましょう。

就職活動でオンライン面接を受けるときの準備は？

①基本的なマナーを守り、服装はオーソドックスなものを。

基本的なマナーは第1章で説明した通りです。服装に関しては、スーツは黒か濃紺、シャツは白を選ぶのがいいでしょう。ネクタイの色は紺やエンジで柄はストライプや小さめの水玉が対面ではオーソドックスですが、画面上では、ストライプやチェック、水玉などの細かい柄は「ギザギザ」と小さく動いているように映ってしまいノイズになりますので、できれば無地のものをおすすめします。また、オンラインでは、画面に映ったものの印象が強く出てしまうため、あまりに個性的なファッションでは、あなた自身の印象というよりも、服装の印象ばかりが強く残ってしまう危険があります。

ファッション系の企業でない限り、服装で採用を決めるという可能性は低いので、あくまでもスピーチの内容やあなた自身の魅力を印象づけられる面接にしましょう。

なお、企業のイメージカラーを意識した方が良いか、という質問をよく受けるのですが、これも同じ理由で、気にする必要はありません。

②音や画像の映り具合は事前に必ずチェックしておく。

面接が始まってから、「画像が粗い」「音が途切れる」などのシステムの不具合に気が付いてしまうと、一気に緊張も高まってしまいます。音や画像のチェックは、開始の30分程度前に必ず済ませておくこと。特に顔の明るさの確認や目線の確認は怠らないこと（54〜64ページ参照）。可能ならバックアップ用に別のＰＣかスマホでも対応できるようにしておくと、心に余裕ができます。

オンライン面接の冒頭10秒で好印象を与えるには？

①最初の10秒に細心の注意を！

対面の場合でも、入室から挨拶、着席までに合否が決まると言われているほど第一印象は重要です。オンライン面接の場合は、最初の10秒の印象が非常に大切なので、軽い挨拶、大学名、名前を言うだけだと気を抜かずに、第一印象で勝負できるスキルを身につけましょう。

冒頭の挨拶に加えて、「本日は貴重な機会をくださりありがとうございます」「オンライン面接を受けさせていただきありがとうございます」などの言葉を挟むと、感謝の気持ちが伝わります。オンラインでも相手と心を通わせることが面接成功のカギとなります。

②姿勢と表情で好印象を与える。

オンライン面接の場合、画面上で自分の姿も確認できるので、背筋はまっすぐ伸びているか、肩の高さは左右対称か、胸を張っているか、あごが上がっていないか、口が開いたりしていないか、目は輝いているか、口角がしっかりと上がり笑顔になっているかを確認しましょう。特に冒頭10秒は、前の歯が見えるくらいの60％くらいのしっかりした笑顔（67ページ参照）を作ることも好印象を与えるコツです。

③ゆっくり、かつ、ハキハキと話す。

オンライン面接では話し方も印象を決める大事な要素です。特に面接では、緊張して声が小さくなるのはもちろん、口が開きにくくなって滑舌が悪くなったり、早口になりがちです。オンラインでは、対面よりも音声が聞き取りにくくなりますので、いつもよりゆっくり、ハキハキと口を開けながら話しましょう。声の大きさはちょうどよいかどうかという点も、前もってＰＣの前でリハーサルを行うと緊張対策にもなります。また、話しながら時々ＰＣカメラを見て面接官と目線を合わせるようにすると、相手との心の距離が縮まり、印象を良くする効果があります。

オンライン面接の質疑応答をスムーズに行うには？

①事前に必ず戦略を練る。

オンライン面接の場合は、面接官との距離を感じやすく対面よりも緊張しやすいという人がいます。面接で緊張して意図していないことを話してしまわないために、聞かれそうな質問は問答集を作り、何を話せば自分の良さにつなげられるかを事前に戦略的に決めておくようにしましょう。決してゼロベースで、聞かれたことに思いつきで答えるのではなく、何を話していてもあくまで「自分の良さ」「自分の能力」「自分の熱意」などの魅力につなげられるように作戦を練っておきましょう。なぜなら、それが会社側が知りたいあなたの情報だからです。それ以外は、単なる無駄話であると思っておきましょう。

②オンラインでも聞く態度は見られていることを忘れない。

もちろん対面でも言えることですが、面接官は、受験者の質問を聞く態度も見ています。何を答えるのかを考えて目線が泳いでいたり、緊張しすぎてゴソゴソと無駄な動きをしていると相手の話を100%聞いていないという態度にうつるので注意しましょう。相手が何を知りたいのか、何を質問しているのか、本意を聞き取る気持ちで真剣に話を聞くことが大切です。その際のうなずき、あいづちは、オンラインという環境を意識して、ゆっくり、深く、そしてタイミングよく打つことが重要です（66ページ参照）。また、目線もしっかり合わせましょう。相手の質問が終わったら、「はい」「わかりました」というような応答を入れてから答え始めると、きちんと受け取ったという意図が伝わります。

③ネガティブな状況にも言葉で対応する。

オンラインの場合、沈黙の時間が対面以上に長く感じられます。質問に答えられない、あるいは、答えにくいという場合には、その理由を添えて適切な対応をするようにしましょう。問題が生じた場合に、言葉できちんと対応することも、オンラインコミュニケーションに欠かせないスキルです。

例えば、質問の意図がつかめない場合は、「申し訳ありません。ご質問は〜〜といった意味で間違いないでしょうか?」と聞き返したり、質問に対して答えが思いつかない場合は、「申し訳ありません、今ぱっと答えが思いつかないのですが、少し考えてもいいでしょうか?」と時間をもらうリクエストができるでしょうか。面接官によっては、わざとパッと思いつかない質問をしたりして受験者を困らせて反応をたしかめる場合があります。オンラインコミュニケーションのスキルを図る判断材料として、そのようなシチュエーションが与えられている可能性もありますから、落ち着いて対応するようにしてください。

オンライン面接で無駄なく、言いたいことを伝えるには?

①最も言いたい「一言」を準備しておく。

伝えたいことがたくさんある、というのは悪いことではありませんが、一方で焦点がぼやけてしまうというデメリットもあります。面接官があなたを思い出したときに

「●●と言っていた人」と思い出せるような、短く、それでいてあなたの個性を表すような印象的な言葉、最も伝えたい一言を考えてみてください。伝えたいことがあるのにうまく言語化できないと、自分だけでなく、聞いている相手に消化不良な印象を残すことにもなりかねません。企業の求める人物像を意識しながら、自分を的確に表す言葉を準備しておけば万全でしょう。

②伝えるべきは〈ＷＨＹ〉である。

面接の中で伝えなければならないこと、それは、その会社をなぜ志望するのか、なぜその仕事がしたいのか、という志望理由です。それらの〈ＷＨＹ〉を、簡潔に述べられるように準備しておきましょう。その次に、その理由となる経験談をうまく伝えられるようにしておきます。また、それらの〈ＷＨＹ〉を短く、明確に伝える一言を準備しておくこともおすすめします。面接中に何度かその言葉を伝えることもできますし、面接の最後に「何か他にありますか?」と言われたときも、結論のサンドイッチにして伝えることができます。短い言葉の繰り返しは、人の共感をつかむのに適しているテクニックなので、面接でもぜひ積極的に活用してください。

③テンション（熱量）をあげて伝える。

受ける企業や仕事への熱意は十分持っていても、対面に比べて熱意が伝わりにくいオンラインでの面接では、それを伝えることが難しくなります。自分では伝えているつもりなのに伝わらないということもありますので、事前に動画で自撮りをしてみて、どれくらいのテンションで話せば自分の熱意が伝わるのかを確認しておくほうが良いでしょう。72〜75ページでもお話ししたように、「オンラインはテンション3倍」が原則ですが、当然ながら元々のテンションによっても違いはあります。動画を見て、「オンラインでも自分の思いが伝わるテンションはどれくらいか」を探っておきましょう。とはいえ、自分自身ではよくわからないという場合も多いので、友達や家族などの第三者にも動画を見てもらって、アドバイスをもらうのはとても良い方法だと思います。

緊張を上手にコントロールするには？

①「同じ状況」でリハーサルをする。

緊張というのは、同じ状況を前もって体験しておくことで、軽減することができます。そしてオンライン面接の場合は、比較的簡単に同じような状況を作り出すことができます。

面接の前日までに、面接と同じ時間に、面接に挑む時と同じ服装をしてＰＣの前に座り、誰かとオンラインでつないで練習をしておけば、当日の緊張はかなり和らぎます。また、その際は、どういう状況で自分の緊張が高まるのかを細かく特定し、考えられる理由やその対処法を考えて、書き起こしておくと良いでしょう。例えば、面接官とオンライン上で目が合う瞬間に緊張が走るのであれば、目をしっかり合わせようとせず、ぼんやりと全体を見るような目線を送るようにすることでそれを防ぐこともできます。緊張の正体を知れば、対処はしやすくなるのです。

②面接が始まる前には、体と表情、声のウォーミングアップをする。

オンライン面接の5分くらい前になったら、腕を大きく回して胸の周りをほぐし、呼吸をスムーズにできるように整えましょう。また、表情が硬くならないよう、口を動かして口輪筋をほぐしたり、笑顔の練習をするのも良いでしょう。また、目を見開いたあときゅっと閉じてまたパッと開けるという動作を繰り返したり、眼球を回したりしておくと、目の表情が生き生きしてきます。また、86ページで紹介した腹式発声ペットボトル呼吸法も、のびやかな声を出すための準備としておすすめです。

③面接日までに緊張の正体をつぶしていく。

緊張は漠然とした不安が膨らむことでどんどん高まっていくものなので、緊張の正体を明確にし、それを丁寧につぶしていくことで必ず打ち勝つことができます。人より緊張の度合いが強いと自覚している場合は、早い段階で①のリハーサルを行い、緊張を引き起こす原因の特定とその対処法を考えることから始めましょう。その上で、面接日までの計画表を作ってリハーサルを繰り返し、緊張の正体をつぶした上で当日を迎えられるようにしてみてください。なお、リハーサルは、①同様、できるだけ本番に近い状況で繰り返すのが効果的です。

オンライン面接のお悩み

Ⓠ 対面での自己アピールは得意なのですが、オンライン面接がうまくいかず、なかなか先に進めません。オンライン面接を突破する秘訣を教えてください。

Ⓐ 対面での自己アピールは得意だということは、元々のコミュニケーション力は高いと考えられます。それにもかかわらず、オンラインではうまくいかないということは、オンラインというシステムの特性を知らないことがその原因として考えられます。

例えば、対面でコミュニケーション上手な人は、相手の心を読むのに長けているため、良いタイミングであいづちを打ったりコメントを挟んで共感をうまく引き出すことができます。ところがオンラインでは、相手の表情が見えにくいため心を読むことが難しくなります。

アナウンサーも、リアルタイムで視聴者の気持ちを知ることはできません。だからこそ事前に「これを言ったときに視聴者はどのように感じるだろう」と、発言に対する聞き手の反応を細かく検討しています。つまり、言葉を発する前に、聞き手の反応を想像し、それに合わせた話し方を工夫しているのです。

このテクニックはオンライン面接にも使えます。つまり、その場の雰囲気をリアルタイムでつかみにくいとしても、自分の言葉に対する相手の反応を前もって想像しながら、話の流れを準備しておくことは可能です。

中にはオンラインに慣れていないことが原因である人もいます。その場合は、オンライン上で友達と話す、オンラインセミナーにたくさん参加するなど、オンラインコミュニケーションの回数を日常的に増やし、オンラインで話すことが普通に感じられるように慣れておくことで改善されます。

Q オンライン面接を受けている際に流れる沈黙の時間が、対面の時以上に苦痛です。何か良い突破策はありますか？

A 対面の場合は、相手以外にもさまざまなものが目に入るため、沈黙の時間もさほど気にはなりませんが、オンラインでは目に入る情報が少ないため、聴覚情報が途切れてしまうと気まずく感じる人も多いものです。

ただし、すでにお話ししたように間（沈黙の時間）というのは聞き手にとって必要なものです。履歴書を読みながら次の質問を考えたり、考査シートに記入したりする必要がある面接官にとっては欠かせないものでもあります。

面接を受ける側も、せっかくできたこの間を利用しない手はありません。それまでの面接内容を振り返って、ＰＲしたいポイントはすべて話せているか？　話せていないポイントは何か？　残り時間で伝えなければいけないことは何か？などと頭の中で整理することに使えばいいのです。考えようによっては、間をとってもらうほうが、態勢を整える時間が生まれ逆に有利になるとも言えるのです。間を戦略を立てる時間として多いに利用するようにしましょう。

オンラインミーティング編

リモートワークを選択する人が増え、各自宅をつないでのオンラインミーティングが会議の主流という企業も増えてきました。リモートで各自作業を進めながら共通のプロジェクトを遂行するためにも、オンラインミーティングでのタスク確認や意思疎通を図ることはとても重要です。また、働くモチベーションを維持するためにも、たとえオンライン上であっても、〈face to face〉で話をする機会は貴重であると言って良いでしょう。ただ、その一方でまだまだ戸惑いを感じている人も少なくないかもしれません。ここではその課題についてお話ししていきましょう。

オンライン会議を活性化するためには？

①対面での会議以上にロジカルな進行を心がける。

オンライン会議が、盛り上がりに欠けたり、ただのおしゃべり会で終わることを避けるためにも、134〜140ページで紹介したOARR（オール）に沿って、議題と各議題に充てる時間のタイムテーブルをシェアした上で、会議を進めるのが良いでしょう。議題ごとの時間をさらに、「意見出しの時間」「候補を絞っていく時間」「検討事項をあげていく時間」「最適案を決定する時間」などに細かく割っておけば、よりスムーズです。可能ならタイムキーパー役を決めて適宜声をかけてもらうようにすれば、時間内に決定しなければという意識が働き、意見が出やすくなって効率的に話し合いを進めていくこともできます。そのほか、書記など、オンライン会議をスムーズに目的に向かって進めていく人を決めておくのも良いと思います。社内の会議であれば、取り扱う議題ごと、企画ごとに進行役を変えれば、誰でも会議を主宰できるトレーニングにもなるでしょう。

②穴埋め式ミーティングもおすすめ

決めるべきことを穴埋め式にした資料を事前に作成し、その場で記入しながら進めていくという企業もあります。すでに決まっている要素がある場合には、それを確定要素として入れておき、会議内で決めるべき要素を空欄にして全員でシェアしながら進行するのです。穴埋め式の効果は、「時間内に必要事項を決めてしまわなければ、未決定事項が残ってしまう」という意識を全員に持たせることができ、短時間で求める成果をあげることができる点です。また、穴埋め式ミーティングは、視覚的にも小さなゴール（議題の中に含まれる決定事項）や大きなゴール（会議全体の目的）を明確にしながら、会議の達成度自体をクリアにすることができます。

出席者全員の参加意識を高める工夫とは？

①議題は、問いかけで行う。

アジェンダを共有するときには、問いかけ形式で行いましょう。例えば、

1　新商品の概要
2　新商品の発売時期
3　新商品のネーミング

という議題の挙げかたではなく、

1　ユーザー受けする新商品とは？
2　発売時期はいつが最適か？
3　ヒットするネーミングは？

というように、問いかけ型にするだけで、参加者全員頭を働かせ、アイデアを出す姿勢が整います。さらには、問いかけに対し、全員1つずつアイデアを言うこと、などのルールを設けると幅広く意見が集めやすくもなります。

②あらかじめ、役割を分担して与えておく。

自分の会議での立場や役割が明確でないと、ぼんやりと会議に参加してしまいがち

で、全員参加型の会議になりにくくなります。また、チームで最も力のある人のみが発言してすべてが決まっていくような会議や、責任者だけが会議の発言者になってい る場合も他の参加者はただの傍観者になってしまいます。

それを改善するためには、あらかじめ参加者ごとの役割を決めておくことが大切です。役割が決まれば、担当ごとに必要な情報の収集や意見をまとめる準備や、直接の担当者ではないような場合でも、それぞれの立場からの質問や意見を準備しておいてもらうことができ、全員の発言を促すことにもつながります。

③議事録はリアルタイムで、全員がシェア。

先にお話しした、「穴埋め式進行」を使ったり、書記がリアルタイムで議事録を作成しながら会議の状況をシェアすれば、認識のズレがなくなり、共通認識が固まるだけでなく、自分の意見が会議に反映されていることが視覚的にも確認できるので、参加者の参加意識が高まります。

④会議参加のハードルを下げる。

社内の会議であれば、出社時よりもラフな格好、軽めのメイクでも参加ＯＫにするなどより気楽に参加できるようなルールを決めるのも良いアイデアです。また、社内会議が続き、オンライン疲れしてしまうメンバーがいる場合には、何回かに１度はカメラのオフを許可するなど、より気軽にオンラインでつながれる状況を作ると良いでしょう。

会議をより短く、負担のない時間帯に設定するのも重要です。いつでもオンラインで呼び出せるリモートワークの場合、出勤時と比べてオンとオフの切り替えが難しく、一日中仕事をしているような気分になるといった声も聞かれます。オンラインでの会議は、設定しやすいぶん配慮も必要です。参加者の状況も考慮し、できるだけ負担のない時間帯や長さの設定を心がけるようにしてください。

オンラインミーティングを、社員同士のコミュニケーションの場としても活用するには？

①ミーティングの冒頭で〈WHAT'S NEW〉を取り入れる。

オフィスでのたわいない雑談には、リラックス効果やチームの絆を深める効果がありますが、直接顔を合わせないリモートワークでは、この雑談の機会が激減します。そこで、おすすめなのが、オンラインミーティングの冒頭でアイスブレイクもかねて、一人30秒程度のスピーチを行うことです。〈WHAT'S NEW〉（最近あった話題）に関して、プライベートの話題や近況を語ってもらいシェアすると良いでしょう。朝礼スピーチのように、同僚のことを知り、自分を知ってもらうきっかけにもなり、会議の前にウォーミングアップとして行うことで、発言を促すこともできます。

②バーチャル背景で、遊び心をつける。

社内のオンラインミーティングでは、各自お気に入りのバーチャル背景を使って見せ方を個性的にするなどし、無機質なムードになりがちなオンラインミーティングを楽しくする工夫をしている企業もあります。もちろん議題の内容や参加メンバーの構成にもよりますが、参加者それぞれの趣味、興味、関心が伝わり、相互理解を促すという意味では、バーチャル背景は手っ取り早く、すぐに取り入れられるアイデアとしておすすめです。

③ミーティング前後に、小グループでプレ（アフター）ミーティングをする。

オンラインミーティング前に、少人数のグループで集まって、雑談やミーティングに向けての意見の確認などをするプレ（アフター）ミーティングを行うのも良いでしょう。大人数のオンラインミーティングでいきなり発言するのは勇気がいりますが、小グループなら意見を出しやすくなるので、多くの見解を集めることができる。また、議題に直接関係ない意見や、小さな意見も出やすいことから見落としていた問題点や議題に気が付きやすくなるという利点もあります。

オンライン会議のお悩み

Q 自分ではタイミングを計っているつもりなのに、話を挟もうとすると相手の声と被ってしまい気まずい思いをしています。うまく話を挟むコツを教えてください。

Ⓐ オンラインでは、自分のタイミングと相手のタイミングに時間差が生じます。つまり、相手が話し終えた瞬間と思っても、実際には話し終えてから何秒かたち、新しい話に入ろうとしているタイミングということは多々あります。

そのような時間的なギャップを計算に入れてタイミングを取らないと、声が被ってしまいます。時間的なギャップがどのくらいあるのかは、状況により変わりますので、会議を進めながら、相手に音声が届くまでどのくらいかかっているかを感覚的にさぐることは大切でしょう。その上で、話を挟みたいタイミングで「話してもよろしいですか？」など、話に入ることを言葉で伝えるようにすれば、仮に多少被ってしまったとしても、問題はないと思います。

Ⓠ オンラインミーティングで話すことが対面よりも苦手です。積極的に発言が飛び交うと、話の輪に入ることができず、発言を諦めてしまいます。どうすれば会議で発言できるようになるでしょうか。

Ⓐ これはよく寄せられる質問です。オンラインでは対面よりも全員の顔が見えにくくなり、積極的に発言する一部の人たちを中心に進行していくことがよくあります。そんな中で、話に割って入るのは確かに勇気がいることかもしれません。

そんな時はまず、相手の話を聞くときに、声を出してあいづちを打つことから始めてみましょう。「はい」だけでなく「なるほど」「いい意見ですね」などバリエーションをつけるとさらに良いと思います。会議では提案者だけが重要なのではなく、承認したり話をまとめていく役割も同じくらい重要ですし、声に出してあいづちを打つことにより、あなたが話に参加していることを印象付けることができます。そうすれば、話にも入りやすくなるはずです。

第6章

オンライン
コミュニケーションが
目指すべきゴール

オンラインコミュニケーションの本質とは？

ここまで、〈印象力〉〈伝達力〉〈対応力〉という3つのテーマで、オンライン力を磨くためのテクニックをお話ししてきました。

オンラインのコミュニケーションを少しでも改善するヒントになったでしょうか？

でも実はまだ、重要なことを1つお伝えできていません。

それは、オンライン力とは、「オンラインを便利に使いこなす」こと自体を目的としたものではない、ということです。

すぐれたテクノロジーを目の前にすると、私たちはどうしてもそれを使いこなしてみたくなります。例えば、子どものお遊戯会を想像してください。

多くの人はビデオカメラを準備して、愛するわが子の晴れ舞台を録画しようと必死になります。中にはビデオカメラのハイテクな機能を熟知して、プロ顔負けの映像を残したいという気持ちに駆られる人もいるでしょう。

ただ、ハイテクな機能を使いこなし、素晴らしい映像を撮ることに必死になったとしても、本当に大切なのはレンズ越しの世界を映像に収めることではなく、目の前で頑張っているわが子の成長を自分の目で見届けることではないでしょうか。

だからこそ、私たちはカメラ越しではなく、直接わが子が頑張る姿を見たくなってカメラから目を離してしまったり、わが子の成長につい目が潤んで手元が緩んだりしてしまうのです。あとで見直すとせっかくの映像がブレてしまいカメラの記録には残っていなかったとしても、自らの目で映した最高の瞬間を記憶に収めているのです。

オンラインコミュニケーションもこれと同じです。

大事なのはオンラインを便利に使いこなし、できるだけ楽をしてコミュニケーションを取ろうとすることではありません。オンラインコミュニケーションの本質は、距離や時間といった制限を受けることなく、画面の向こうの相手と情報を交換したり、心を通わせたりしながらお互いを認め合ったり、高め合うことにあるということを忘れてはいけないのです。

オンラインのツールさえ使えば、わざわざ会いに行く手間が省ける、スモールトークや人間関係の面倒事から解放される……。オンラインというテクノロジーの恩恵を受けコミュニケーションを効率的にするという考え方は決して悪いことではありません。特にビジネスの場合、オンラインでコミュニケーションを取ることにより、生産性という目的を優先させることはむしろ良いことでもあります。

ただ一方で、オンラインの便利さだけを追求し、まるで対面コミュニケーションを、非効率的でわずらわしいもののように捉えるのは間違っていると思います。本来、私たちの人生を豊かにしてくれるはずなのは、テクノロジーではなく、人との出会いや、誰かとのコミュニケーションを通して生まれる感情、出来事や経験を経て築いていく人間関係なのではないでしょうか。コミュニケーションとは、決して、必要な情報だけをやり取りするために行われるのではありません。

オンライン力を上げるテクニックを指導する立場にある私がこんなことを言うのは

矛盾している、と感じる方もいるかもしれません。でも、これは大事なことなのです。

コミュニケーションにオンラインという技術を用いることは、対面で会う機会を減らすことと表裏一体です。

対面の機会を減らすことは、いまの社会が必要としている感染症拡大を防ぐなどのメリットもあります。しかし、効率や合理性だけを追求しすぎると、人と直接会うことで得られる親愛の感情や高揚感、感動やその他、さまざまな素晴らしい経験さえ、さほど重要ではないものとされてしまう危険性をはらんでいます。これらは本来、コミュニケーションの大切な目的のひとつであるにもかかわらず、です。

もちろん、正しいノウハウを知り、必要なトレーニングを重ねて、テクニックを習得すれば、オンライン上のコミュニケーションは驚くほどスムーズになります。オンラインで話すことの苦手意識を払拭することや、オンライン上でうまく話すことでビジネススキルを向上させること自体は、決して難しいことではないことは、ここまでこの本を読んでくださった方なら、もうお気づきかと思います。

でも、それはオンライン力を磨くことの本当のゴールではありません。最新鋭のカメラの機能を使いこなして腕を上げても、自分の目で、体感で、感動の瞬間を見過ごしてしまう人と同じく、あまりに残念なことだと思います。

この本を通じて伝えたいのは〈印象力〉〈伝達力〉〈対応力〉といったオンラインコミュニケーションに必要な要素を習得することで、誰かとコミュニケーションを取ることの素晴らしさに気づいていただくことです。決して、人と会わなくても済むオンラインツールを使いこなし、表面的な人間関係を築くことだけが得意になっていただきたいわけではないのです。

今こそ必要な
ハイテク・ハイタッチとは？

今から40年前の１９８０年に、アメリカの未来学者であるアルビン・トフラー氏はその著書（『第三の波』）の中で、「未来はハイテクとハイタッチの時代になる」と語っていました。「ハイテク」化が進んだ未来においては、人間はより人間らしいふれあい（ハイタッチ）を求めるようになると予言したのです。

また、アメリカで大統領特別補佐官も務めたことのある未来予測学者で、社会現象分析に関する多数の著作があるジョン・ネズビッツ氏も、２００１年に出版された『ハイテク　ハイタッチ』（ジョン・ネズビッツ、ナナ・ネズビッツ、ダグラス・フィリップの共著　ダイヤモンド社）という本の中で、テクノロジーのめまぐるしい進歩に伴い〈ハイテク・ハイタッチ〉というコンセプトの重要性が20年前よりはるかに高まっていることにふれ、〈ハイタッチ〉について次のように述べています。

「では、ハイタッチとは何か？　それは、見知らぬ3歳の女の子がふいにこちらを振り向いて、ニコッと笑ってくれること。わが子を愛すること。山を登り終えて息を切らしながら、眼下の眺望に見とれること。体をかがめるのが難しくなった父親に気づいて、手を差し伸べようとすること。絶え間ない川のせせらぎに耳を傾けること。自分の出産について腹を立てた未婚の友人を許してやること。大きな皿になみなみとつ

がれたスープの匂いをかぐこと。恋人が欲しいと思うこと。以前は嫌っていた犬が自分の顔を舐めにくること。」

これ以外にも、心弾むアイデアを思いつくこと、自分の過ちに気づくこと、美しい絵を見て涙を流すこと、などの例があげられ、この項は次のように結ばれています。

「ハイタッチとは、自然や人間らしい感情、家族、宇宙、そして高次元の力にわが身をゆだねること。生と死の原始的なパワーを受け入れること。そして、人間よりも偉大な存在すべてに感謝することを大切にすることである。」

つまり〈ハイタッチ〉とは、人間だけに与えられた、物事に対し繊細に感じる力、人間らしさのことです。

「テクノロジーに支配された時代を、人間らしく生きるにはどうすればいいかを学ぶこと」こそが、ハイテクの時代を生きる私たちに必要な〈ハイテク・ハイタッチ〉というテーマであり、それは、「一言で言えば、物事を眺める時に必要な『人間らしさ』と言うレンズ」だと、ネズビッツ氏は語っています。

「テクノロジーを上手に受け入れながら、人間であるとはどういうことかを表現する

こと。」

「テクノロジーに支配された時代を、人間らしく生きるにはどうすればいいかを学ぶこと。」

これらのネズビッツ氏のメッセージは、真の「オンライン力」とはどういうものなのか考える上で大きなヒントになるのではないでしょうか。

KEE'Sのオンライン研修では、テクニックをトレーニングする前に、この〈ハイテク・ハイタッチ〉という言葉の意図を、必ずお伝えすることにしています。

オンラインというツールもまた今世紀に急激に浸透した〈ハイテク〉の一つです。

そして、他の〈ハイテク〉と同様に、オンラインにもできないことはあります。

例えば、オンラインでは、五感を使ったふれあいは不可能です。それがオンラインと対面の最大の違いであり、テクノロジーの限界でもあります。

ビジネスにおいては、五感を使ったふれあいなど不要だと思う人もいるかもしれません。でも、オンラインが私たちの生活の中で存在感を増せば増すほど、人との小さなふれあいが、実は重要な情報であったことも多くの人が実感し始めているのです。

実際、オンラインコミュニケーションを使っていく上で、明らかになってきたオンラインならではの課題として、社員のコミュニケーションが不足する点を挙げる企業は多くなっています。

ビジネスに役立つコミュニケーションというのは決して、一部分だけを効率よく切り取ったものではありません。時には、同僚同士のただのおしゃべりで思いつくアイデアや、上司からの一言の声かけで保たれるモチベーションや、カフェテリアで聞き耳を立てて得る他部署の情報などが重要な意味をなすこともあります。出勤していると当たり前のように得られるこのような情報は、在宅でオンラインコミュニケーションが主流になると簡単には得られなくなってしまいます。

また、コミュニケーション不足から、悩みを抱えたり孤立してしまう人も出始めています。顔を見ない期間が長くなったせいで相手を信頼できなくなったり、メールやSNSのやり取りだけでは人間関係がぎすぎすしてしまうといった悩みも聞かれます。

最初の1カ月くらいは頻繁に会っていた時の記憶が続いていても、3カ月も経つと互いの生活が忙しくなってしまい、相手に対する想像力や思いやる気持ちが薄れてくるという、まさに遠距離恋愛のカップルの間に起こりがちな問題に似た現象がビジネスシーンにも起こり始めています。

細やかなコミュニケーションがかなわないことにオンラインの限界を感じ、そこにもどかしさを感じることがあるかもしれません。けれど、実はこのもどかしさこそが、人間らしさなのであり、それをどう補うかを考えることを含めたものが、真のオンライン力だと私は思うのです。

オンライン力を身につけるためには、確かにノウハウやテクニックは必要です。しかし、同時に〈ハイテク・ハイタッチ〉というテーマもどうか忘れないでください。

オンラインというハイテクと付き合うからこそ、ハイタッチつまり、人間らしい心を使うことが大事なのではないでしょうか。

特別対談

佐賀文宣氏 × 野村絵理奈

オンラインが広げるコミュニケーションの可能性

対談ゲスト

ZVC（Zoom Video Communications）Japan 株式会社　カントリー ゼネラル マネージャー

佐賀文宣氏

ZVC Japan 株式会社カントリー ゼネラル マネージャー。
2019年2月に ZVC Japan 株式会社(Zoom Video Communications, Inc. の日本法人）へ入社。
ZVC Japan 入社前は、2013年からヴイエムウェア株式会社でパートナービジネスを統括。2006年から2013年にかけては、シスコシステムズ合同会社に在籍し、同社が買収した Webex のパートナー開拓に携わる。1992年に日本アイ・ビー・エム株式会社へ入社し、大和研究所にて ThinkPad の開発部門に配属。その後は2006年まで、同社 PC 部門で日本およびアジア太平洋地域担当プロダクトマーケティングやパートナーセールスに携わる。
1992年北海道大学工学部修士課程を修了。

Ｚｏｏｍミーティング参加者数は１日あたり世界で３億人！

野村　御社が日本での本格的な展開を開始されたのは、２０１９年の夏でしたよね。そこから1年も経たないうちに、Zoomは、ｗｅｂ会議システムの代名詞として、ビジネスマンのみならず、子どもからお年寄りにまで広くその名前が知られるようになりました。

佐賀文宣氏（以降佐賀）　正直、これは全くの予想外でしたね。だって、２０２０年の1月の時点でさえ、日本でZoomのことを知ってる方なんてほとんどいなかったですから。だからアメリカ本社にもっと日本の顧客向けの広告を打ってくれと要望していたくらいなんですよ。

野村　具体的にはどれくらい増えているのですか？

佐賀　アクセス数でお伝えするのがわかりやすいと思うのですが、Zoomミーティングののべ参加者数は、2019年の12月が1日あたり世界で1000万人、2020年1月が1100万人、新型コロナウィルス感染拡大の影響が出始めた2月は1700万人でした。それが3月の時点で2億人になり、4月には3億人に達しました。現在（2020年7月）は、2億人から3億人の間で落ち着いています。

野村　半年にも満たない間に30倍⁉

佐賀　はい。伸び率の状況としては、日本も同じです。とはいえ、ミーティング参加者数の大半は無料でお使いいただく個人ユーザーですから、利益が30倍になったわけではありませんよ（笑）。

野村　その30倍の中には、ビジネスシーン以外で使っている人もたくさんいますよね。

佐賀　目立つのは学校でお使いいただくケースですね。小・中・高・大学などでは一番使われるオンライン授業ツールになったのではないでしょうか。これも予想外の展開でした。

野村　佐賀さんご自身がZVC Japanのカントリー ゼネラル マネージャーに就任さ

れた2019年の2月から数えても、わずか1年半の間にこれだけの成長をされているわけですから、それこそ怒濤の日々だったのではないですか。

佐賀　就任した当初から、今のレベルのポテンシャルは日本にも十分あるとは思っていました。だからこれくらいの数字になること自体は想定内だったんです。ただ、3年半くらいかけてもってくるつもりだった目的地に、世の中に予想外の変化が起こったことで、期せずして1年半でたどり着いてしまった、というのが正直なところです。

野村　いろんなことが前倒しで起こってしまったのですね。

佐賀　幸い ZVC Japan の場合は、すべてを直販で賄っているアメリカと違い、複数の企業と販売パートナー契約を結んでいるので、急な需要の増大には十分対応できました。ただ、一方でジレンマもありますね。

野村　ジレンマというと……?

佐賀　ここまでの急激な販売数の増大は、家から出られなかったり移動ができないという状況の中で、「今すぐに必要だ」というお客様からのご要望に対応させていただいた結果であることは明らかです。もちろん、スピーディにそのニーズにお応えできたのはよかったと思っています。ただそのせいで、それこそご挨拶に伺うところから始まって、お客様それぞれの課題をヒアリングし、それをしっかり理解した上で最善の解決策をご提案するという「ハイタッチ営業」のプロセスに時間をかける余裕はありませんでした。このようなロータッチ営業は、決して健全ではないと私は思っているのです。とはいえ幸い、「とにかく導入を急ぎたい」というお客様が殺到するような状況は脱してきていますし、今後はより良い提案をすることが求められるようになっていくでしょう。そこに変化しようとしているタイミングがまさに今なのではないかと考えています。

野村　とりあえず急場を凌ぐために飛び込まざるを得なかった、というのはオンラインコミュニケーション全体にも言える状況ですよね。「オンラインコミュニケーションにはどういう特徴があるのか」「対面と何が違うのか」を知るよりも前に、いきなりツールを使い始めることになってしまったというか……。

佐賀　ええ。さまざまなオンラインツールに関しては、みなさん、強制的に使わざるを得なかった、というのが正直なところだと思うんですよ。だから、周辺の問題を棚

上げして導入を急ぐことになったわけですよね。

野村　周辺の問題というのは、例えば、どのようなことですか？

佐賀　Zoomそのものは極めて安全性が高いシステムですが、Zoomを使うための過程、例えばWi-Fiネットワークの安全性が確保されていなかったり、パスワードが安全に管理されていなかったりすれば、当然リスクは生まれます。VPN（仮想専用線）が正しく設定されていても、全社員が一斉につなぐことを想定して作られていなければトラブルも生じるでしょう。そのような問題が今になって見えてきた、というケースも中にはあるのではないでしょうか。

野村 Zoomがそれほど多くの人に急拡大していったということは、使われ方もさまざまでしょうし、あらゆるリスクを想定し、それを排除する環境を整えるような時間的な余裕はなかったでしょうしね。

佐賀 もちろん我々も売って終わりではなく、満足して使い続けていただくことが重要なのですから、状況が少し落ち着いたここから先は、サポートの人間をもっと増やすなどして、使い続けていただくための体制を整えることが非常に重大なテーマになってくると思っています。

Zoomは会議の置き換えではなく新しいコミュニケーションの形

野村　日本でも、ほとんどの企業がｗｅｂ会議のシステム自体はもっていましたよね。でも今ほどには頻繁に使っていなかった。どちらかというと出張してでも対面で直接話そうといった風潮があったと思います。その理由はどこにあると思いますか?

佐賀　アメリカやヨーロッパでは、ここ20年くらい電話を使ったリモート会議が活発に行われていました。だからｗｅｂ会議は、「電話会議がさらに便利になったもの」という受け入れ方をされて、ものすごい勢いで浸透していったんです。でも日本にはそもそもリモート会議の文化が根づいていなかったので、ｗｅｂ会議と言っても、単なる会議室の置き換え、つまり、会議室にいない人を参加させるための手段だったり、遠く離れた会議室同士をつなぐための手段という認識でしかありませんでした。それもあって日常的に活用する企業はごく一部で、非常手段という位置づけでしか捉えていない企業のほうが多かったのではないでしょうか。実際、ヨーロッパやアメリカではここ5年間でｗｅｂ会議市場は2桁の成長を続けているのに、日本は1桁の成長しかありませんでした。

野村　成長スピードが明らかに遅いですね。

佐賀　実は従来のｗｅｂ会議システムの場合、顔を出すとそれだけデータ量が増え、人が多くなればなるほどネットワークへの負荷がかかるので互いに顔を見せ合うのは会議の冒頭だけというのが当たり前でした。最初に挨拶をすませたらすぐにビデオ画面は閉じて、そのあとはずっとパワーポイントと睨めっこで会議をしましょうっていうのがこれまでのやり方だったんです。それだと確かに会議はできるかもしれませんが、コミュニケーションとしては何も楽しくない。そこにも浸透しなかった理由はあると思いますよ。でも、それを大きく変えたのがZoomなんです。

野村　つまりZoomが一気にメジャーになった背景には、「止むを得ず」というニーズだけでなく、従来のｗｅｂ会議システムが抱えていた弱点を技術的に払拭したことも大きいというわけですね。

佐賀　はい、それは間違いないと思います。圧倒的に性能が良いZoomには、これまでのｗｅｂ会議とはまったく違う世界観がありますから。Zoomなら、たとえ人数が増えても、最後まで全員の表情を見ながら、もちろん資料も見ながら会議をすることができます。これはもはや単なる会議室の置き換えではなく、新しいコミュニケーションの形なんですよね。だからこそ、Zoomは、会議だけに留まらず、1対1の対話にも、少人数のチームの議論にも、ビジネス以外の教育にも、あるいは飲み会などのプライベートなシーンにも、とにかく、あらゆるサイズ、あらゆるシーンのコミュニケーションに使えるわけです。そのことに多くの方が気づいてくださって、一気に需要が広まったのだと思っています。

野村　確かにZoomの場合、ｗｅｂ会議システム、というより、コミュニケーションツールとして捉えている人のほうが多いかもしれませんね。年齢や職業を問わず、Zoomが広く支持されている理由もまさにそこにあるのだと思いますが、中にはまさかこんなふうに使われるとは！　と、佐賀さんも驚くようなものもあるのではないですか？

佐賀　それはもう、驚くものばかりですよ。冠婚葬祭にZoomが使われるなんてことは予想だにしていませんでしたから。Zoomの活用法については、ユーザーの方からこちらが学ばせていただいている状況です（笑）。

「オンライン上の自分」と「リアルな自分」に違いがあっても良い

野村　実はKEE'Sでも、オンラインコミュニケーション研修のご要望は、前年度比で40倍くらい増えているんです。ちょうどZoomのアクセス数の伸びと同じくらいで、先ほどの数字を聞いて驚きました。

佐賀　弊社もそれに貢献させていただいていますよね（笑）。

野村　はい、ありがとうございます！　佐賀さんにもトレーニングを受けていただきましたよね。いかがでしたか？

佐賀　とてもたくさん学ばせていただきました。これはオンラインに限ったことではないですが、たとえ同じ話を繰り返す場合でも、テンションを下げずに話すということは、しっかり意識するようになりましたね。あと、教えていただいてよかったなと思うのは、オンラインでの自分のブランディングです。オンライン上の自分は、本当の自分とは少し違うのではないか、リアルに近づけなければいけないのではないか、と考えることもあったのですが、違うのは当たり前であって、例えばZoomの中では「バーチャルバックグラウンドを使ってヘッドセットを装着している自分」が本当の自分になるのだということを知り、すごく気が楽になり自信もつきました。

野村　それはよかったです。常に画面の中で仕事をするアナウンサーも、普段の自分とは少し違う、カメラやマイクを通して伝わる自分というのがいます。それはオンラインの特性を理解して、印象の良い自分を演出しているからなんですね。おそらく、一般の人は、画面の中の自分が普段の自分と違って見えることをそれほど意識してい

なかったり、印象が違うことを知って驚いている方が多いと思います。でも、オンラインコミュニケーションにおいては、その世界の中でいかに自分を印象良くできるか、自分を活かすか、と考えることはとても重要だと思いますよ。

佐賀　おっしゃっていることはよくわかります。

野村　私どもに寄せられるのは、オンラインだと対面と同じようには言いたいことが伝わらないという悩みが多いのですが、御社に寄せられる要望として多いのはどのようなものがありますか？

佐賀　以前何人かの経営者と話をする機

会があったのですが、そこで話題に上ったのは、Zoomには上座や下座はないのか、という話でした（笑）。部下が自分より先に退出することに抵抗があるという声もありましたね。

野村　それは経営者ならではの視点ですね。

佐賀　リアルな会議での習慣がオンラインに踏襲されないことに対して違和感を覚える人が少なからずいらっしゃるというのは、私にとっては非常に興味深かったですね。もちろん、そういう面倒な習慣がないのがオンラインの良さであり、これを機にそのような習慣自体を見直せばいいとも思うのですが、一方で、アメリカ人には絶対に理解できないであろう、こういう日本の文化はとても面白いなと。実は2020年の9月1日から、参加者の画像の順番を自由に変えられる機能を追加したのですが、日本ではそれを「上座を設定できる機能」と受け取った方が多かったようです。当社としては、例えば進行役や主な発言者など、その会議における重要な人物の画像を固定の位置に配置していただくための機能として提供したつもりだったんですけどね（笑）。

野村　さっき話題に出た経営者の方たちは「願っていた機能がついにできた！」と喜

んでいらっしゃるかもしれませんね（笑）。

Zoomは対面コミュニケーションをも活発にする

野村　オンラインコミュニケーションは、今後どのように進化していくと佐賀さんは考えていらっしゃいますか？

佐賀　ほんの1年、いや半年前までは、Zoom会議やZoom営業をするとなれば、なんらかの理由が必要でしたよね。でも、今やそこに言い訳は必要ありません。普通に「じゃ、Zoomでお願いします」と言えば、すんなり受け入れてもらえることがほとんどだと思います。今現在の状況からすれば、むしろ直接会いに行くほうが壁は高いですよね。そんな土壌が極めて短期間でき上がったことは驚くべきことですが、オンラインコミュニケーションはすでに、スタンダードコミュニケーションの位置にあると言って良いでしょう。その位置づけはポストコロナになっても変わることはないと思いますよ。

野村　でもだからといって、対面コミュニケーションに価値がなくなるわけではありませんよね。

佐賀　もちろんです。価値がなくなるなんてことはあり得ませんし、むしろその価値が上がっていきますよ。

野村　より重要度が増す、ということですか？

佐賀　はい。会議はもちろん、商談、営業、決算発表、セミナー、そして、勉強や婚活、飲み会など、とにかくありとあらゆるものがオンラインで可能であることを多くの人はすでに実感されています。だから普段使いのコミュニケーションとして、Zoom会議もZoom商談もZoom飲み会も決してなくなることはないでしょうし、ずっと続いていくと思います。ただし、オンラインでのコミュニケーションがあれば、対面コミュニケーションは不要だということは絶対にあり得ません。確かに今は、すべてをオンラインに頼っているという人も少なくないかもしれませんが、それは移動がしにくい、人が集まれないという特殊な状況にあるせいですよね。新幹線や飛行機に乗る人が激減しているのは一時的なことであって、この問題が収束すれば、きっと人の動きは以前よりさらに活発になると思いますよ。

野村　オンラインコミュニケーションがどんどん活発になっていく中で、そういう発想をもっている人はあまりいないかもしれませんね。対面は過去のものになっていくのではないかとさえ思っている人もいるように思います。

佐賀　例えば、素晴らしいヴァーチャルの映像を見れば、やっぱり実際にそこに足を運びたくなりますよね。コミュニケーションもそれと同じだと思うんですよ。実は、JALのCIO兼CISOでIT企画本部を統括している岡敏樹さんが社内コミュニケーションを目的にZoomの導入を決めてくださった時、「Zoomですべてが済んでしまえば、誰も飛行機に乗らなくなる。そういう意味ではJALの競合だとも言えるのに、なぜそんなものを入れるのか」という声が上がったそうです。しかし、岡さんの考えは全く逆でした。「Zoomというツールによってコミュニケーションが活発になれば、次は直接会いに行きたいと考えるのは自然なこと。だからZoomは結果的に、飛行機の利用者を増やしてくれるはずだ」ということなんですね。

野村　オンラインコミュニケーションが増えるからこそ実際の行動も活発化する、ということですね。

佐賀　私が子どもの頃は、日本とアメリカを行き来して仕事をするなんて想像したこともありませんでした。私は北海道の出身なので、海外どころか、東京さえ遠く感じていたものです。でも、交通手段が発達して世界はぐっと近くなりましたよね。今後それをさらに近くするのが、

オンラインコミュニケーションだと思うんですよ。オンラインを使ってコミュニケーションの総量が上がれば、必ずその人に直接会いに行きたくなるはずなんです。つまり、オンラインコミュニケーションがスタンダードになったことで、対面コミュニケーションはよりプレミアムなコミュニケーションとして、これまでよりむしろ大事にされ、そして活発になるはずです。

野村　オンラインコミュニケーションは、対面にとって代わるものではないということですよね。それはZoomの佐賀さんから聞けると思っていなかったです。むしろ、これからは対面ではなく、オンラインでコミュニケーションする時代だと宣言されると思っていました（笑）。

佐賀　オンラインが対面の代わりになるなんて、そんな単純な考え方は、面白くもなんともないじゃないですか。この先待っているのは、コミュニケーションの総量が上がり、だからもっとたくさんの人に会いたくなって、もっとたくさん出かけたくなるような、ワクワクする未来だと私は思いますよ。

オンラインなら弱者を生み出す壁を取っ払うことができる

野村　まだまだ不慣れであることも手伝って、オンラインコミュニケーションはハードルが高いと思い込んでいる人も多いのですが、オンラインコミュニケーションによってむしろ下がっているハードルというのも実はたくさんありますよね。

佐賀　それこそがオンラインの良さなんですよ。例えば、ビジネスマンでも、「オンライン上で」という選択肢ができたことで、エグゼクティブと話ができる可能性は明らかに高まっていますよね。もちろん「実際に会って話す」というところまで行けるかどうかはまた別の話だとしても、コミュニケーションを図ること自体のハードルは確実に下がっているのです。

野村　確かに、オンラインだからこそ会える、という状況は今後もたくさん出てくるでしょうね。

佐賀　社会にある、いろんな壁やハードルをどんどんなくしていくことにおいて、Zoomは必ずお役に立てると自負しています。例えば、地理的な壁。これはまさに今多くの人に活用していただいているケースですが、Zoomを使うのなら、近くにいようが、遠くにいようが関係ありません。自宅にいようが、地方にいようが、海外にいようが、何も変わりはないのです。また、介護や育児などで、働ける時間に制限がある人、つまり時間の壁に阻まれている人も、Zoomを使えば移動時間なく働くことができますから、育児しながらあるいは介護しながらでも働ける可能性は十分ありますよね。これまでだったら、人生の中のたった数年のためにキャリアを諦めざるを得なかった人を救えるかもしれないと思うんですよ。

野村　距離を縮めることは、時間を縮めることにつながり、できなかったことができるようになるということですよね。Zoomが下げたり、なくしたりできる壁は他にもありますか？

佐賀　あとは、日本人にとっては決して無視できない言葉の壁ですね。Zoomでは、すでに通訳を間に入れるサービスは提供していますが、もうすぐスタートできそうなのが、自動翻訳で字幕にして表示する機能です。これらをうまく活用していただければ、言葉の壁だって取っ払うことが可能です。

野村 オンラインにそんな機能があれば、英語ができないというだけで、海外とのやりとりを諦めていた人も道が開けてきますね。

佐賀 特にビジネスにおいては、このようにいろんな壁があるのですが、壁があるということはそこに弱者がいるということです。でもオンラインコミュニケーションという新しい形のコミュニケーションなら、そのような壁を下げたり、なくしたりすることができます。つまり、結果的にはそれが誰もが弱者とならずに働ける世界を作っていくことにつながるのではないかと私は思っているんですよ。

野村 オンラインというと、コミュニケーションの効率化ばかりがフィーチャーされがちですが、それによって今までできなかったことを実現させることの方が本来の目的なのですね。

オンラインと対面は、フィフティフィフティが望ましい

野村　普段使いのオンラインコミュニケーションとプレミアムな対面でのコミュニケーションは、どのような住み分けが理想的だと思われますか？

佐賀　繰り返しになりますが、オンラインの役割はコミュニケーションを阻む壁やハードルをどんどん下げることにあると思っています。コミュニケーションをもっと気軽にすると言ってもいいでしょう。それによってコミュニケーションそのものが活発になれば、プレミアムな対面コミュニケーションも同様に活発になるというのが私のイメージです。例えばZoomを使って言葉の壁を気にせず海外の人とコミュニケーションをとることの楽しさに目覚めれば、次は実際に会いに行って直接英語を使ってやりとりしたいと考えるようになると思うんですよ。移動が増えるのだって、同じ理屈

ですよね。もちろん、プレミアムコミュニケーションのほうは、Zoomは直接お手伝いできないところですが、社会全体としてそういうムーブメントが起こるのであれば、こんなに素晴らしいことはないと思います。

野村　現在の状況は、半強制的にオンラインというムードですが、ポストコロナの時代は、オンラインか対面をどう選択するか、という課題も生まれてくるかと思います。オンラインと対面は、どういうバランスで付き合うのが良いと佐賀さんはお考えですか？

佐賀　ざっくり言えば、半分半分でしょうね。オンラインを普段使いしながらも、やはり半分くらいは会いに行く、くらいが理想ではないかと思っています。もちろんオンラインで十分目的が果たせるものは、オンラインでやればいいと思いますよ。例えば、前後1時間かけて移動して1時間の商談をするのであれば、そこはオンラインでやって、セーブできた2時間をプレミアムのコミュニケーションに充てればいいのではないでしょうか。私だったらそうしたいと考えます。

野村　先ほど、最初から最後まで全員の表情を確認しながらコミュニケーションでき

ることが、Zoomの強みだというお話を伺いましたが、中には顔を出すのが嫌だという人もいらっしゃるようです。それについて、佐賀さんはどう思われますか？

佐賀　顔を出すか出さないかについては、2つの側面からの考え方があると思います。まず、1つは顔を出さないことでコミュニケーションの質が下がったり、暗くなったりする可能性は確かにあるということです。実は私自身も地方勤務の経験があるのですが、その頃は東京の会議にリモートで参加していました。ただし、当時はZoomのようなツールはなく、声だけの参加だったため、顔を見せられない自分が発言権まで制限されているかのような錯覚に陥ることが度々あったんです。そういう経験もあるので、全員が顔を揃えて、みんなが平等に参加し、発言できるというZoomの利点はぜひ活かしていただきたいという思いはあります。ただ、その一方で、最近感じ始めたのは、Zoom疲れしている方が決して少なくないということです。朝からZoomで会議もやって、1対1の打ち合わせもやって、会社が終わったらZoom飲み会もやって、終電もないからその飲み会もなかなか終わらなくて……という方が実際にいらっしゃるんですよね。これだと長続きしないのではないか、と心配にもなります。ですから、もしも、顔を出さないことで、リラックスできるということなら、それもありなのかなと今は思ったりもしています。

野村　確かにZoomのおかげでコミュニケーションの総量が増えたという人もいらっしゃるでしょうし、そうだとしたら、ずっと顔を見せ続けるのはしんどい、というのも仕方のないことかもしれませんね。

佐賀　もちろんこのような問題は、オンラインと対面のバランスが半々になれば自然に解消できるのでしょうが、今のようにオンラインに極端に偏っているような場合は、オンライン疲れしないための工夫も必要だと思いますよ。

野村　では、最後にもう一つだけ聞かせてください。対面のコミュニケーションがプレミアムコミュニケーションという位置づけになっていくと、そこに至るためには、スタンダードなオンラインコミュニケーションにおいて、自分の魅力をうまく表現しなければならないということですよね。佐賀さんにとって、オンラインで魅力的な人とはどういう人ですか?

佐賀　うーん、どうでしょうね。オンラインだろうと、対面だろうと、魅力的な人はやっぱり魅力的ですからね。オンラインで魅力的な人は特にここが違う、というのはちょっとピンとこないかもしれません。そこはもう、私ではなく、野村さんの専門分野でしょう。

野村　そうおっしゃっていただいて光栄です。今日はお忙しい中、本当にありがとうございました!

この対談の動画を観ることができます。
以下の QR コードを読み取ってください。

おわりに

唐突ではありますが……、みなさんは死後の世界を信じますか?

私は、たまに「死んでしまったらどうなるんだろう」と考えることがあります。

最近では科学の分野でも、人は肉体的に死んでしまっても、何らかの形で意識だけは残せるのではないかという議論さえ行われるようになりました。

もし、肉体がなくなって、意識だけになったら、おなかがすくこともなく、プレッシャーを感じるような競争をすることもなく、忙しさも痛みも感じず、好きな時に好きな場所に飛んでいけて、とても快適で便利そうですよね。

ただ、一つだけ、残念なことがあったとしたら、それは、誰かとふれ合うことはもうできないということでしょうか。

大切な人が目の前にいたとしても、手を伸ばしてふれることはできない。そう考えると、どんなに大変な人生でも、生きていた頃に戻りたいと思うかもしれません。

人とふれ合ったり、目の前にいる人の体温やにおいを感じたり、笑いあって心が通じたことを実感したりできるのは、人間にだけ与えられた特権です。

ただ、それがかなわなくなった今、当たり前すぎて見えなかったことが、とても尊いものであることを改めて実感します。


これからの社会、人と人とのコミュニケーションはこれまでと形を変えるでしょう。

私たちの思いと裏腹に、誰かと簡単に会うことはかなわなくなるかもしれません。

そんな時に、オンラインを使って伝えるスキルを持ち合わせていれば、オンラインツールは私たちを大切な人とつないでくれる心強いツールとなり得ます。

それだけでなく、これからの時代のオンラインコミュニケーションには、無限の可能性が広がっています。

オンラインだからできる、オンラインだから強みになる、オンラインだから対面よりも自由になれる……。

そうなればオンラインは、もはや決して「誰かと会うという面倒を省いてくれる便利グッズ」ではありません。

オンラインが、今まで不可能だったことを可能にしてくれる時代がやって来たのです。

ただし、そのような時代においても、「人間らしさ」は忘れずにいましょう。

テクノロジーによってさらに価値あるものとなる、当たり前のようで当たり前ではない、誰かとつながる時間の一つ一つを大切にしながら、「人間らしく感じる心」を楽しんでいただきたいと思います。

私たち人間に与えられた、コミュニケーションという素晴らしい恩恵を受けて。

KEES'代表取締役　野村絵理奈

profile

野村絵理奈
（のむら・えりな）

株式会社KEE'S代表取締役社長。兵庫県出身、同志社大学法学部卒。NHKキャスター、気象予報士を経て、2005年に株式会社KEE'S設立。主な著書に『世界一の美女になる話し方』『5000人を変えた！　話し方の新・習慣77』『ビジネスは話し方が9割』『世界のエリートが実践！　革命的話し方メソッド』『THE SPEECH　人を動かす話し方』（すべてポプラ社）などがある。

株式会社KEE'S

現役アナウンサー（約50名）が講師として、放送局で培った技術と経験をもとに、スピーチのマンツーマン指導、企業研修を行っている。企業トップなどエグゼクティブスピーチトレーニングをはじめ、企業約600社、5万人以上が受講。

staff

デザイン　**鈴木大輔・江﨑輝海（ソウルデザイン）**
撮影　**永峰拓也**
イラスト　**秋葉あきこ**
編集協力　**熊本りか**

オンラインで伝える力

2020年10月12日　第1刷発行

著　者　野村絵理奈
発行者　千葉　均
編　集　碇　耕一
発行所　株式会社ポプラ社
〒102-8519　東京都千代田区麹町4-2-6
Tel:03-5877-8109（営業）
03-5877-8112（編集）
一般書事業局ホームページ　www.webasta.jp

印刷・製本　中央精版印刷株式会社

N.D.C.361／255p／19cm　ISBN978-4-591-16777-9

P8008301